BESTSELLER

Tere Díaz Sendra es licenciada en Pedagogía y maestra en Terapia familiar sistémica con especialidad en Terapia de pareja. Promotora de Desarrollo humano grupal. Ha realizado diplomados en Clínica psicodinámica, Terapia narrativa y Terapia individual sistémica. Es especialista en el trabajo de prevención y atención de la violencia doméstica. Estudiosa de los nuevos modelos amorosos y la soltería. Docente, conferencista y coach estratégico empresarial. Autora de artículos y libros diversos, entre los que se encuentran: *Cómo identificar a un patán*, *Por qué nos mentimos si nos amamos. Sana una infidelidad y renueva tus pactos amorosos*, *El amor no es como lo pintan* y *El que busca encuentra*. Es también coautora de *Celos*, *Volver a empezar*, *29 claves para encontrar pareja* y *¿Me quedo o me voy?* Socia fundadora de Psicoterapia La Montaña y Concepto Empresarial.

www.terediaz.com

@terediazsendra

@tedisen

Psicoterapia La montaña: 56 3093 8038

Manuel Turrent Riquelme es terapeuta narrativo y especialista en violencia familiar; ayuda a las personas a transformar sus relaciones mediante la resignificación de sus historias. Tiene una amplia experiencia en terapia individual, de pareja y familiar, y es coautor de varios libros. Promueve vínculos basados en el respeto, el amor propio y el crecimiento mutuo.

TERE DÍAZ
MANUEL TURRENT

29 claves para elegir pareja

Una guía para cerrar relaciones pasadas y elegir un buen amor

DEBOLS!LLO

Papel certificado por el Forest Stewardship Council®

MIXTO
Papel | Apoyando la silvicultura responsable
FSC® C180017

Penguin Random House Grupo Editorial

29 claves para elegir pareja
Una guía para cerrar relaciones pasadas y elegir un buen amor

Segunda edición: enero, 2025

Penguin Random House Grupo Editorial, S. A. de C. V.
Blvd. Miguel de Cervantes Saavedra núm. 301, 1er piso,
colonia Granada, alcaldía Miguel Hidalgo, C. P. 11520,
Ciudad de México

penguinlibros.com

Diseño de portada: Penguin Random House / Laura Velasco Borrero
Imagen de portada: ilustraciones de © iStock

ISBN: 978-607-385-271-5

Impreso en México – *Printed in Mexico*

Índice

Introducción

Un empujoncito para volver a empezar

> El amor no tiene cura, pero es la única medicina para todos los males.
>
> LEONARD COHEN

Si hoy has elegido este libro, de seguro estás preocupado, en mayor o menor grado, por el rumbo de tu vida afectiva… Acaso tú, al igual que nosotros, sientes que en la actualidad la vida amorosa "navega a la deriva". ¿Observas que el malestar amoroso tiende a ser la constante en las relaciones tanto de casados como de solteros? ¿Experimentas que la falta de relaciones de pareja satisfactorias genera zozobra y confusión? Hoy, tanto hombres como mujeres intuimos que transitamos una época de "crisis amorosa". No existen modelos válidos que faciliten la felicidad, y esto se deja ver de manera particular en el territorio del corazón.

Muchas de las personas casadas piensan que el matrimonio es "un mal necesario" y que la felicidad se encuentra en "otro lado"; de ahí la infinidad de chistes sobre bodas y desgracias, incluyendo el que dice que el matrimonio es como un submarino, porque "puede flotar, pero está hecho para hundirse…"

Los solteros, por su parte, piensan que la dicha llegará al encontrar a su "media naranja"; se dan a la "caza" de un "alma gemela" y muchas veces hacen a un lado planes y proyectos con miras a lograr este objetivo.

Queda otro gran grupo de personas, las cuales pasan la vida de desencuentro en desencuentro, desilusionadas de la gente y del amor. Sin pensar mucho culpan a otros por la insatisfacción que experimentan y asumen poca responsabilidad en sus desencuentros amorosos.

Este panorama puede parecerte caótico: intentemos describir el momento histórico que vivimos para que comprendas un poco mejor el cambio que atraviesa el fenómeno amoroso en la actualidad.

La pareja siempre se ha constituido en respuesta a factores externos; tiene que ver más con las exigencias de la sociedad que con las necesidades de los amantes. En un principio las relaciones de pareja se acordaban con base en el compromiso y unidas por la necesidad de sobrevivir, producir y reproducirse. Así, el tema del amor era casi irrelevante: se buscaba a gente sana, posicionada en lo económico, "de buena madera", que ofreciera ventajas para la relación y las familias y fuera equipo en el tema de la crianza y la supervivencia.

Con la Revolución francesa y el romanticismo, la pareja fue incorporando las emociones de los individuos o de la propia relación idílica. Se vio con claridad la división entre la necesidad social de construir una relación fuerte, incluso desde el punto de vista económico, y la del deseo romántico, inspirada en los sentimientos que invitan al idealismo, a la sensación de completarse en el otro y al deseo permanente del encuentro con el amado.

¿Y qué ocurre hoy en día? Muchas personas no sólo piden a la pareja o esperan de la relación el acompañamiento y la ayuda; tampoco el puro sentimiento: hoy las relaciones amorosas buscan, además, sensaciones satisfactorias, únicas e intensas. Sin soltar del todo la idea de que "tú y yo somos uno mismo", se esperan altos niveles de gratificación en muchas áreas de la vida personal y amorosa.

Con el transcurso del tiempo diríamos que la pareja pasó de ser una pareja institución a una pareja romántica, y luego de una pareja romántica a un tipo de pareja "sensorial". Este cambio lo puedes notar si percibes en ti el deseo de encontrar una pareja que te asegure todo y te haga sentir mucho, cosa que no sólo es difícil de lograr, sino que además resulta endeble para construir un modelo amoroso alcanzable, realista y duradero.

El mundo ha cambiado con rapidez: la transformación de tan sólo el siglo XX equivale a los millones de años anteriores en la historia de la humanidad; ni qué decir de la primera década del siglo XXI: ¡en diez años se evolucionó lo mismo que en todo el siglo XX! Esta velocidad ha afectado de manera contundente nuestro modo de entender y vivir el amor.

Las redes generadas por los medios de comunicación han conformado una nueva forma de relacionarnos que nos conecta a unos con otros, al tiempo que mantiene una estremecedora lejanía en estos "encuentros". Un sabor a soledad y miedo queda después de la fascinante cercanía y del vertiginoso descubrimiento.

Tales acercamientos crean una extraña sensación a la hora de iniciar relaciones amorosas: al parecer, la constante es la falta de compromiso. Los hombres y las mujeres de hoy deseamos con desespero "relacionarnos"; sin embargo, todo el tiempo desconfiamos de "estar relacionados" y, en particular, de estarlo "para siempre". ¿Has sentido el miedo de que ese anhelado estado se convierta al mismo tiempo en una carga para ti? Sabemos, por experiencia o porque lo vemos a nuestro alrededor, que las relaciones pueden ocasionar tensiones; tensiones que no queremos ni sabemos soportar.

También nos ocurre que no deseamos limitar la libertad que necesitamos y que a veces tanto dolor nos ha costado lograr. Pero ¿libertad para qué?: quizá para seguir relacionándonos con más y más gente… ¡Son tantas las posibilidades y escenarios que nos brindan el medio cibernético y el mundo real, que una oleada de deseo y mareo se apodera de nuestros sentidos y nuestra inteligencia en busca de experiencias por atravesar!

Así somos los seres humanos de ambivalentes, complejos y contradictorios: queremos esto y también lo otro; deseamos estar aquí sin perder lo que tenemos allá; no nos gusta que nos traten de una manera pero tampoco nos comportamos como esperamos que lo hagan con nosotros; hacemos excepciones y nos damos permisos a nosotros mismos pero somos exigentes con los demás.

Si has elegido este libro, es probable que desees una pareja estable. Pero ¿será que tus creencias y tus conductas impiden que tus relaciones se cristalicen y se sostengan? ¿Realmente los seres humanos de hoy buscamos relaciones sostenidas, según decimos? ¿O al final más bien buscamos, de manera más o menos consciente, relaciones ligeras y laxas para salir de ellas en cualquier momento? Esta contradicción interna deja ver nuestro gusto por estar emparejados, así como el miedo a los efectos del encierro en una relación.

Hasta aquí nos hemos enfocado en los avances cibernéticos e informáticos. Entremos al tema de la revolución sexual, el feminismo y la caída lenta pero constante del patriarcado. Se trata de revoluciones sociales que también han tenido "vela en el entierro" al impulsar cambios acelerados que siguen teniendo efectos concretos en nuestras manera de amar.

Veamos: la gran revolución de la píldora anticonceptiva liberó a las mujeres de embarazos no deseados y separó también al sexo de la procreación. De la mano de este avance científico vino la revolución sexual, la cual transformó la manera en la que se perciben hombres y mujeres en el mundo occidental. Producto de esto vemos otros desacoplamientos: se puede vivir el erotismo sin el matrimonio y, más aún, el erotismo sin amor; esto ha permitido una variedad de relaciones eróticas y amorosas entre hombres y mujeres y entre personas del mismo sexo.

No podemos dejar de mencionar el influjo del feminismo: los arcaicos y estereotipados roles del matrimonio patriarcal se están viniendo abajo de manera precipitada; sin embargo, la institución matrimonial sigue resistiendo los embates de una sociedad que busca nuevos modelos amorosos. La contradicción entre el erotismo y la vida doméstica pone a las parejas en un dilema difícil de resolver. ¿Cómo generar una plataforma sólida para hacer crecer una familia sin perder el encanto del encuentro entre los amantes?

La autonomía económica de la mujer, así como su influencia en la sociedad, la hace pionera de un nuevo reto: reivindicar la necesidad de seguridad, su deseo de experimentar los sentimientos, pero también la capacidad de continuar enriqueciéndose y emocionándose como pareja en un espacio de intercambio justo y de igualdad. Las mujeres del siglo XXI están invitando a los hombres a involucrarse en una vida más flexible y diversa, menos encerrada en normas tradicionales que limitan la relación de pareja. Mientras que antes eran ellos quienes llevaban la batuta en la relación, y de manera muy particular en la sexualidad, hoy las mujeres están rompiendo los esquemas de desigualdad para transformar las relaciones de sumisión en encuentros más igualitarios.

A la mayoría de los hombres le está costando trabajo esa transformación y con dificultad genera algunas propuestas creativas. A muchos de ellos aún les quedan grandes las relaciones de equidad. Con frecuencia vemos a varones que se resisten al cambio mediante el primitivo uso de la fuerza, en algunos casos incluso de la fuerza física, si no es que mediante la imposición emocional, económica e intelectual. Otros pretenden que no se dan cuenta de lo que ocurre y prestan poca atención a las demandas femeninas, y se muestran sorprendidos cuando sus mujeres los abandonan o "traicionan".

Algunos hombres intentan hacer "cambios" barnizando la relación de pareja con conductas más cooperativas y más conciliatorias, pero sin transformar de raíz el tema del poder. Tan sólo unos cuantos se han dado a la tarea de soltar sus privilegios machistas para crear una nueva manera de ser hombres, que responda a las características del mundo actual. Un asistente a nuestros talleres afirmaba: "A los hombres nos falta mucho por cambiar porque las mujeres han cambiado mucho".

La mujer ya no quiere estar a disposición del hombre, sino disfrutar con él. En esta situación de desencuentro entre un modelo masculino que las mujeres ya no aceptan y un modelo femenino que los hombres todavía no aprenden se mueve un mundo de gente desorientada, con buenas intenciones pero malos resultados, en el intento de crear mediante ensayo y error una plataforma diferente para los amores nuevos del futuro.

Cuando los hombres se expresan de las mujeres y éstas a su vez de los hombres, es común notar una carga importante de enojo, reclamo, revancha y frustración, que impide el acercamiento amoroso deseado por ambos sexos. Es frecuente, aun en la actualidad, vivir con la creencia de que el matrimonio o la vida en pareja traerá felicidad; sin embargo, la promesa de que "hasta que la muerte nos separe" se instituyó cuando el objetivo del matrimonio era, como mencionamos, la reproducción y la supervivencia. En pleno siglo XXI, con un promedio de vida de más de setenta años y muchas más expectativas de realización personal que la crianza y la producción, es difícil sostener la idea de una pareja amorosa "por los siglos de los siglos".

Con todo esto el divorcio surge como una herramienta relativamente nueva y aceptada para dar fin a las relaciones matrimoniales pobres o destructivas. Gracias al divorcio se abre la posibilidad de construir y reconstruir las relaciones amorosas, al promover la creación de nuevas parejas y de relaciones más flexibles y creativas. Cada vez más la separación forma parte del ciclo de vida de las personas y las rupturas amorosas se consideran una posibilidad en la vida de los seres humanos. No intentamos minimizar el dolor que una ruptura amorosa conlleva, sino resaltar que las buenas relaciones son para disfrutarlas, pero las malas son para terminarlas.

Willi Pasini, profesor en la Facultad de Medicina de Milán y especialista en psiquiatría en las universidades de Ginebra y Milán, menciona en su libro *Los nuevos comportamientos amorosos* que en la actualidad las personas tendrán de dos a cuatro relaciones a lo largo de su vida: un primer matrimonio de "iniciación" para salir de la casa de los padres y cometer errores básicos. Un segundo matrimonio que convierta a la pareja en padres, que por lo común es el que durará más tiempo —entre quince y veinte años— y se agotará cuando los hijos hayan crecido. Una tercera relación, que es la del encuentro y la autorrealización, generalmente a la mitad de la vida.

Por último se prevé una relación para los años del "ocaso", cuando se logrará la compañía de una pareja más espiritual.

Si bien hablar de cuatro parejas puede ser mucho, el fenómenos de los dos matrimonios se extiende con rapidez. En contraposición con la idea del "amor eterno", hoy pensaríamos que "el amor es eterno mientras dura".

En conclusión, la pareja como sociedad estable se encuentra en crisis. Es clara la necesidad de desarrollar formas nuevas y mejores de relación entre hombres y mujeres. Estamos a la mitad de estos cambios y aún no sabemos bien cómo manejarlos. De pronto el malestar nos inunda, nos sentimos desesperanzados y dejamos de vislumbrar que existe la posibilidad de crear *amores nuevos*.

Aunque somos seres únicos, con experiencias únicas, existen ideas generales que pueden facilitarnos la creación de relaciones amorosas más funcionales y satisfactorias. Si tienes este libro en tus manos significa que te interesa una vida amorosa más acorde con la persona que eres hoy. Quizá sufriste una decepción amorosa y antes de elegir pareja quieres revisar estos conceptos base para replantear tus creencias sobre el amor y el éxito en la vida amorosa. No olvides que la relación amorosa es un estímulo importante para el crecimiento personal, independientemente de si fracasa o no... El análisis del fracaso de una relación de pareja pasada, a la luz de los conceptos que te plantearemos en esta lectura, puede ser de gran provecho para tu desarrollo, así como para una elección futura más oportuna y constructiva.

Como seres humanos queremos ser felices a través de muchos caminos: amistades, un trabajo satisfactorio, una familia armónica, un nivel de vida decoroso —¡o esplendoroso!—, espacios de diversión, entre otros. Pero entre todas estas cosas, con mucha frecuencia vinculamos el anhelo profundo de felicidad con un intenso y afortunado encuentro amoroso: es por eso que la mayoría de las personas deseamos tener pareja.

Sin duda el encuentro amoroso es de las experiencias más conmovedoras a nivel humano. Además, hoy en día el amor es el factor más importante que mantiene unidas a las parejas: las imposiciones sociales y económicas como motivaciones para emparejarnos han pasado a segundo plano. Esto conlleva grandes expectativas de pareja que nos predisponen a la aparición de conflictos en las relaciones y, por tanto, a plantearnos dos preguntas obligadas: ¿qué es el amor y de qué está hecho?

La respuesta no es fácil. Es más, no conocemos una definición válida que abarque qué es el amor. Así las cosas, resulta más sencillo mencionar qué no es el amor: el amor no es simple ternura, ni simple erotismo, ni simple preocupación, ni sólo apego, ni sólo simpatía. Quizá la esencia del amor, tal como la observamos desde los deseos y las esperanzas tanto de nosotros mismos como de la gente con que trabajamos, consiste en que el ser humano nace incompleto y se mantiene en una lucha interior constante para llegar a ser más completo. De manera más o menos racional, en nuestro interior esperamos que alguien llene ese "huequito" del alma o del corazón que nos hace andar en la vida a veces medio solos, en ocasiones asustados y tristes, en otros casos hartos y cansados.

Por otro lado, somos seres relacionales, y también es la percepción del otro, como alguien en constante búsqueda de su camino, lo que hace surgir en nosotros la necesidad de ayudarlo en esa búsqueda. En una relación amorosa se encuentran dos seres que buscan, son imperfectos y se sienten insatisfechos, que esperan hacer realidad su potencial personal en y por medio de la relación, así como abrirse camino hacia nuevos desarrollos.

Si bien no podemos decir en definitiva qué es el amor, sí podemos observar sus efectos, así como describir las complicaciones y las contradicciones de una relación amorosa. Esta faena es parte del propósito de este libro.

Por desgracia o por fortuna tampoco podemos asegurarte milagros: el logro de un amor que nos haga "completamente felices" es un anhelo lógico pero no es del todo posible. Según los "altos ideales del amor romántico", la "vida real en pareja" sólo se verá como imperfecta. Por eso hay que entender el amor realmente vivido, es decir, la contradicción entre la atracción y el rechazo, entre lo que nos damos y lo que nos pedimos, entre la certeza de estar y la duda, entre la cercanía anhelada y la distancia necesaria. Desear con vehemencia una buena pareja es una invitación a entender mejor la lógica del amor; de lo contrario, seguiremos dándonos de "frentazos" en cada nuevo encuentro e insistiremos en culpar a diestra y siniestra de nuestros "fracasos amorosos".

Sin duda, este libro te acompañará a emprender el largo recorrido: su lectura te permitirá desechar ideas que no te sirven para crear una pareja enriquecedora. *29 claves para encontrar pareja* es una puerta abierta a cuestionar tus creencias en relación con el amor y la vida de pareja, a enfocarte en aspectos que has ignorado hasta hoy y a modificar conductas que no te ayudan a lograr el propósito de hallar una pareja que merezca la pena. Introducirte en estas claves te facilitará desechar creencias que te limitan y te motivará a ocuparte, más que preocuparte, en los puntos a tomar en cuenta para crear una nueva relación más plena e igualitaria.

Las claves que te presentamos a continuación tocan diversos temas que apuntan a mejorar la calidad de la vida amorosa. No tienen una secuencia progresiva, y aunque se explican de manera sencilla, todas incluyen aspectos fundamentales en relación con el tema del amor y la pareja. Por esta razón puedes leerlas de manera aislada, brincando de una a otra según tu interés del momento, sin perder por eso la riqueza de cada una ni el hilo que las conecta entre sí.

29 claves para encontrar pareja es producto de años de estudio como psicoterapeutas de familia y pareja, así como de horas y horas de investigación, reflexión y lectura de diversos autores que se han dedicado al estudio del amor, del desamor, de la vida de pareja y de los nuevos modelos amorosos. En particular, antes de ser un libro fue un taller psicoeducativo para personas separadas, divorciadas y viudas; después de trabajar en terapia grupal con personas que habían atravesado por un rompimiento sentimental o que estaban inquietas por el curso de su vida afectiva, vimos la necesidad de crear un programa que permitiera de manera práctica e intensiva impulsar su proceso personal —en particular— y abordar el tema del amor —en general—. Así diseñamos este taller, que ha facilitado un espacio de aprendizaje y reflexión sobre temas referentes a la vida amorosa.

Nuestros muchos años de trabajo profesional dando psicoterapia e impartiendo talleres nos han permitido recopilar la experiencia de gente de muchas edades, de distintas clases sociales y de tipos de familia diversos que en distintas etapas de su vida han generado herramientas y desarrollado recursos para la construcción de relaciones amorosas más funcionales y satisfactorias.

Estamos convencidos de lo que dice Leonard Cohen en el epígrafe con el que iniciamos estas líneas: "El amor no tiene cura, pero es la única medicina para todos los males".

Clave 1

Después del huracán...

Salir del caos y atravesar el duelo

> Únicamente aquellos que evitan el amor, pueden evitar el dolor del duelo. Lo importante es crecer, a través del duelo, y seguir permaneciendo vulnerables al amor.
>
> JOHN BRANTNER

- No hay atajos: antes de iniciar una nueva relación amorosa es preciso transitar por las cinco fases del proceso de duelo.
- Hacer pareja de manera prematura no es más que un intento de aminorar el miedo y el dolor apoyándote en alguien en vez de caminar desde tu autonomía hacia un encuentro amoroso.
- Aquellos que se "emparejan" por las razones equivocadas tal vez se piensen a sí mismos como "medias personas" que tratan de convertirse en una persona completa al encontrarse con el otro.
- No sirve de nada vivir tu terminación como un fracaso: a veces hay buenas razones para separarse.
- Una persona infeliz espera que la relación de pareja le traiga la felicidad y la "complete", pero esta expectativa exagerada de seguridad y satisfacción con frecuencia se ve frustrada y su efecto es la asfixia del verdadero amor.
- Una relación que lastima o es pobre no merece la pena ser conservada.

Si hoy te encuentras leyendo este libro, es probable que busques un nuevo amor, un mejor amor. Pero antes de iniciar con un nuevo proyecto, toca que te preguntes: ¿cómo terminó tu relación anterior?, ¿la enterraste?, ¿la sigues llevando a cuestas?, ¿has dejado una ventanita abierta por si ves la posibilidad de echar marcha atrás?

Lograr un nuevo encuentro amoroso requiere haber concluido bien la relación anterior, y esto no es tarea fácil. Por supuesto que no es lo mismo cerrar círculos tras un vínculo de muchos años —con acta matrimonial, hijos, hipoteca y perro de por medio—, que en el caso de un amor de menor duración con unos cuantos "tejes y manejes" que acomodar. Esto no significa que algunos amores más breves y menos institucionalizados no dejen profundas heridas emocionales y sean fáciles de sortear: simplemente se trata de relaciones diferentes que requieren acomodos y procesos distintos.

Sin embargo, toda terminación amorosa implica una pérdida, las pérdidas generan dolor, y el dolor requiere sanar, al atravesar un proceso de duelo de mayor o menor magnitud y duración. Cada persona avanza en este camino a su propio ritmo: iniciar el tuyo te dará los beneficios particulares que requieres para continuar la vida.

Salir bien librado de una pérdida amorosa te tomará algún tiempo. Integra la idea de que no estarás "listo para seguir" antes de seis meses, pero considera también que si llevas más de tres años sufriendo y no puedes mirar hacia delante, tal vez sea importante pedir ayuda profesional. Un andar pausado pero sostenido te permitirá atravesar oportunamente las distintas etapas de la ruptura amorosa. Confía en que este periodo es pasajero.

¿Recuerdas pérdidas importantes en tu vida? Perder a una pareja resulta en particular estresante y doloroso, porque el fin de un amor no sólo consiste en decir adiós a un compañero de vida. Una separación acarrea, en algunas circunstancias, muchas otras pérdidas: se pierden objetos materiales y espacios, amistades, en ocasiones la casa, lo cotidiano con los hijos, amistades, a veces el trabajo y ciertas relaciones familiares, entre otras.

A esto has de sumar que con frecuencia la crisis de la separación detona otros movimientos y genera crisis en cascada; por lo general el dolor que provoca el fin de una relación amorosa obliga a examinar dolores del pasado: la muerte de un ser querido, situaciones de infancia no procesadas y carencias antiguas que se ponen a flor de piel. Las crisis en conjunto son complejas, pero sin duda abren una oportunidad valiosísima para reinventarte y proyectar tu nueva manera de vivir.

Quizá tanto movimiento pone en duda tu valor como persona y tambalea la identidad que habías construido hasta este momento. Preguntas como ¿quién soy?, ¿qué quiero?, ¿cómo seguiré? tienden a ser la constante en este periodo de transición. Decirte que el sufrimiento bien manejado te llevará a crecer puede sonarte a eslogan publicitario, pero desde la propia experiencia y desde nuestro trabajo profesional te aseguramos que lograrlo no sólo es posible, sino altamente satisfactorio.

¿La ruptura te tomó por sorpresa? El *shock* de la noticia es siempre avasallador. Por otro lado, si tú fuiste quien tomó la decisión de terminar la relación, el impacto inicial habrá sido ciertamente menos caótico, lo cual no quiere decir que haya sido fácil. Ambas posiciones —la de iniciador o la de terminado— tienen sus propios retos a manejar: en el primer caso la culpa constituirá un desafío; mientras que si te dejaron el sentimiento de rechazo será un asunto a superar.

Cualquiera que sea tu caso estarás de acuerdo con nosotros en que una separación siempre es más manejable para las personas con cierto grado de madurez. ¿Y qué significa esto? Para nosotros ser maduro significa contar con un proyecto de vida propio que dé sentido a tu existir, gozar de cierta independencia intelectual, emocional y económica que no sólo te permita sortear los asuntos prácticos de la vida, sino ejercer la autocrítica, aceptar la retroalimentación y actuar desde la reflexión en vez de hacerlo desde el impulso. Tolerar la frustración y posponer la gratificación también son efectos de la conquista de la madurez. Para ser maduro no basta con alcanzar cierta edad, sino también haber atravesado ciertas experiencias de vida, aprendiendo de ellas y superando los errores. Será importante que recuerdes bien esta definición de madurez, pues a veces usamos la palabra como sinónimo de conductas que nada tienen que ver con un auténtico crecimiento; además, a lo largo del libro reiteraremos la importancia de la misma para abordar muchos desafíos cotidianos.

Un proceso de duelo exitoso facilita contactar las emociones que produce una pérdida y dejarlas salir de manera oportuna: a veces llorar, escribir, hablar o incluso gritar ayuda a la recuperación. Pero no basta hablar y hablar de lo que sientes; expresar los sentimientos consiste en más que platicar de los mismos: es experimentarlos, dejarte sentirlos sin temer que acaben contigo.

El dolor emocional te puede generar otros síntomas: quizás experimentas cambios rápidos de humor, así como insomnio o pérdida de apetito. Un duelo no resuelto ejerce una tensión considerable en tu cuerpo. ¡No te descuides!

Vale la pena que conozcas las etapas del duelo para que sea más fácil cruzar por ellas con un mínimo de temor y ansiedad. Una guía de la ruta emocional te ayudará a sumergirte en cada una de manera propositiva y deliberada.

Son cinco las fases de un proceso de duelo:

- La primera reacción a la sensación de pérdida es la *negación*. "Esto no es verdad", "en poco tiempo todo estará bien". Negar la realidad de lo que vives tiene el efecto de suavizar el impacto de la pérdida y dosificar el dolor inicial.
- Conforme empieces a aceptar de manera gradual que la relación terminó, aparecerá el *enojo*. En un principio éste se canaliza hacia dentro y provoca que te deprimas, pero luego se dirige hacia fuera en contra de otras personas, quizá de manera particular contra tu ex. Es importante que aprendas a expresar tu enojo de manera constructiva para no lastimar a otros pero tampoco dañarte a ti.
- Después tratarás de *negociar* en tu interior: "puede ser que cambiando un poco me vuelva a querer", "tal vez este tiempo lo cambiará y yo querré volver con él". Estos anhelos son señal de que el duelo avanza pero de que aún no puedes dejar ir la rela-

ción. En esta fase intentarás convencerte de que algo se puede transformar para continuar con tu pareja. Esto puede hacer que te "reconcilies" por los motivos equivocados, como evitar la soledad, por tristeza, por culpa o por promesas poco probables de cumplir. ¡Cuida no dar pasos desde este confuso lugar!

- La fase cuatro consiste en dejar ir la relación, y la *depresión* es característica de ella, aunque es una depresión distinta a la que se experimenta en el inicio del rompimiento. La tristeza de esta etapa se asemeja más a "la oscuridad antes del amanecer". Es una fase llena de diálogo interno acerca del significado de la vida: "¿por qué estoy aquí?", "¿cuál es el propósito de mi vida?" El crecimiento personal que lograrás al responder dichas preguntas te impulsará a construir una identidad más sólida, a encontrar el propósito que te mueve cada día y a hacer de tu existencia algo significativo.
- Por último has de llegar al momento de la *aceptación,* cuando asumes con serenidad haber perdido la relación amorosa. El dolor emocional del duelo va cediendo y empiezas a vivenciar que ya no necesitas invertir tiempo ni dolores físicos y emocionales en la vieja relación. Llegado a este punto continuarás con la conquista de tu libertad personal y de una vida más plena.

No dejaremos de insistir en lo importante que es elaborar estas cinco fases antes de iniciar una nueva relación amorosa. Hacer pareja de manera prematura será un intento de aminorar el miedo y el dolor apoyándote en alguien en vez de caminar desde tu autonomía hacia un encuentro amoroso. Una relación iniciada mientras sufres un dolor profundo atenuará el sufrimiento a corto plazo, pero a la larga retrasará una auténtica sanación.

Elaborar la pérdida te fortalece, y la fuerza interna que conquistes no sólo te permitirá cuestionar por qué falló tu relación anterior, sino descubrir las razones que te llevaron a elegir a esa persona. Aquellos que se "emparejan" por las razones equivocadas tal vez se describan a sí mismos como medias personas que tratan de convertirse en una persona completa al encontrarse con el otro. Una persona infeliz espera que el matrimonio o la relación de pareja le traiga la felicidad, lo complete y lo haga uno y fuerte con el otro. Esta expectativa exagerada de seguridad y satisfacción, de cercanía y totalidad, con frecuencia se ve frustrada y su efecto es la asfixia del verdadero amor. Dos personas completas, capaces de enfrentar la vida por sí mismas, tienden a construir una relación mucho más dinámica y satisfactoria.

Los seres humanos somos seres interdependientes: nos necesitamos unos a otros y percibimos al aislamiento como algo traumatizante. Pero una cosa es sabernos seres hechos para la convivencia y otra es requerir a otro de manera simbiótica para manejar la propia vida.

De nada sirve vivir tu terminación como un fracaso. A veces hay buenas razones para separarse: una relación que lastima o que es pobre no merece la pena ser conservada. Poner fin a una vida de pareja infeliz, violenta o empobrecedora te puede ayudar a mirar el rompimiento como una decisión que refleja buena salud mental, madurez emocional y disposición al crecimiento.

Aceptar que fuiste de algún modo parte del problema y tuviste un papel en el rompimiento, sea del tipo que sea, resulta doloroso. El trabajo personal y el paso del tiempo te darán una mejor comprensión de lo sucedido, lo cual será una herramienta útil para continuar. Ser pareja es una tarea compleja que requiere más que buenas intenciones.

¡Deja de invertir tus emociones en una relación amorosa muerta! El objetivo de elaborar el duelo consiste en invertir emocionalmente en tu propio crecimiento en vez de abonar en una relación que ha terminado. Intenta decirte a ti mismo: "Hice lo mejor que pude con lo que sabía y con las herramientas que tenía en ese momento". Y déjalo ir.

Es hora de trabajar con el hoy, y luego el mañana, y después con el día siguiente, y así, paso a paso, mirar de pronto la cima de la montaña que estás por conquistar. Es momento de actuar mirando tu futuro; es tiempo de apostar con confianza y aplomo por el resto de vida que te queda por transitar.

PregúntaTE	PregúntaLE
¿Me siento recuperado de la relación anterior?	¿Hace cuánto terminaste y tras cuánto tiempo de relación?
¿Reconozco lo que he logrado y lo que me falta acomodar?	¿Te sientes aún desconcertado, triste, culpable, enojado?
¿Quiero resolver o negar mis problemas con una nueva relación?	¿Crees que en el amor "un clavo saca a otro clavo"?

Las fases del duelo

Tras un rompimiento, y antes de iniciar una nueva relación, hemos de pasar por las siguientes etapas, las cuales nos permitirán llegar enriquecidos a nuestros nuevos encuentros:

1. Negación: es la primera reacción, casi instintiva, a la sensación de pérdida, y tiene el efecto de dosificar el dolor inicial.
2. Enojo: aparece cuando se empieza a aceptar que la relación terminó y se dirige tanto a uno mismo como a los demás. Hay que aprender a expresarlo de manera constructiva.
3. Negociación: en esta fase uno se intenta convencer de que algo se puede transformar para continuar con la relación de pareja.
4. Depresión: cuando al fin dejamos ir a esa persona amada, pero aún no estamos listos para aceptarlo por completo, sobreviene esta fase, rica en diálogo interno, la cual nos hace madurar.
5. Aceptación: es cuando asumimos con serenidad que hemos perdido la relación y esto ya no nos causa más que un dolor manejable y natural. Estamos listos para continuar con una vida más plena.

Clave 2

Mi mamá me ama

Cuando su madre va antes que todo

En el cielo, directamente después de Dios, viene un papá.

Wolfgang Amadeus Mozart

- Los hijos adultos extremadamente "buenos" con sus padres o apegados en exceso a ellos tienden a ser malas parejas y malos padres.
- Si eliges a alguien con "mamitis", no te asombres de que quede poco espacio para la vida de pareja.
- A veces ser "muy buen" hijo impide ser buena pareja.
- Hay una parte enigmática en cada elección amorosa, pues proviene de una huella que existe desde antes de que tuviéramos memoria.
- Conocer tu historia te permitirá manejarte de manera más consciente en el momento de elegir un compañero o compañera de vida.

Valdrá la pena que te preguntes si en una próxima relación te quieres relacionar con una mujer… ¡o con una niña! Con un hombre… ¡o con un niño de casa! Los hijos adultos extremadamente "buenos" con sus padres o apegados en exceso a ellos tienden a ser malas parejas y malos padres. Y no nos referimos a aquellos hijos que toman responsabilidad oportuna de un padre que lo requiere, sino a los que simplemente no pueden cortar "el cordón umbilical".

Quizá te resuena la experiencia de haberte relacionado con alguien que iba y venía con su mamá a todos lados, que la acompañaba con frecuencia al doctor, que no se quedaba en paz si no revisaba que hubiera tomado sus alimentos o bien sin darle las buenas noches al final de la jornada.

Este perfil de persona se hace "padre/madre" de sus propios padres y les resuelve la vida por encima de la satisfacción de sus propias necesidades y de sus seres queridos, siempre menos queridos que sus papás, claro está. Ni hablar de la imposibilidad de ponerles límites. A este tipo de personas les es imposible decirles "no", pues sienten culpa y eso los hace meterse en aprietos. Si su padre habla para contarle un problema, le toma la llamada a la hora que sea y por el tiempo que sea. Si su mamá le requiere un favor, aun de última hora, cancela lo que tiene en puerta —incluyendo tarde de cine contigo— y la acompaña, dado que ella "ha hecho todo por él".

Muchos de estos adultos tratan a sus padres de manera amable y compasiva, pero otros se quejan de ellos; incluso los regañan, pero el común denominador es que por la razón que sea se adjudicaron la función de cuidarlos y no quieren o no saben cómo decirles "en otro momento: hoy no puedo".

A este perfil de personas las llamamos hijos crónicos: priorizan sus funciones de vástagos por encima de otros roles en la vida. Tras su comportamiento hay un sinfín de explicaciones: "que eso les tocó a ellos porque los hermanos son unos irresponsables", "que quieren ser agradecidos por lo que les dieron", "que sus padres están enfermos y solos", etcétera. El resultado es que los progenitores dependen de ellos y ellos se ponen en el lugar de sus cuidadores en detrimento de una vida autónoma.

Con esto no queremos decir que el ideal de futura pareja sea alguien a quien no le importen sus papás o que incluso sea mejor elegir a alguien en extremo desprendido y desapegado. No. Valoramos la riqueza de la vida familiar. Por otra parte, consideramos que el trato respetuoso y compasivo de un hijo hacia sus padres habla de la calidad de persona con la que te estás relacionando. Lo que queremos hacerte notar es que hay desde vínculos padres-hijos hasta "nudos simbióticos familiares", con el fin de que distingas ese perfil de persona cuya vida gira, de manera velada o evidente, en torno a su familia de origen.

Otro perfil de hijo crónico es el que en forma abierta necesita la opinión o el consentimiento de sus padres para tomar decisiones: no da un paso sin consultarlos, invitarlos, comentarlos y hasta involucrarlos. Son personas que en primera instancia sienten que su verdadera familia es la casa paterna y luego todos los que "llegaron después". Por supuesto que en este "después" estarás tú y en muchas ocasiones los propios hijos.

Quizás este otro estilo de "hijo o hija modelo" se muestra mucho más dependiente que el "hijo crónico", el cual se comporta en exceso responsable. Sin embargo, en ambos casos vale cuestionarte si a estas alturas de tu vida buscas cobijo en un "hogar". Elegir a alguien así te permitirá seguir siendo hijo o hija de familia también, pero ¡cuidado!, no te asombres de que quede poco espacio para la vida de pareja.

Todo amor es un amor antiguo. Sí: aun tu primer amor tiene que ver con tu pasado, con lo que fuiste... Reconocer esto te hará tomar conciencia de que hay una parte enigmática en cada elección amorosa, puesto que dicha elección viene de una huella que existe desde antes de que tuvieras memoria, una huella que influye en tus elecciones amorosas aunque no seas consciente de ella con claridad. Por eso, una parte de la elección de pareja se relaciona con el vínculo temprano con tus primeros cuidadores, por lo general tus padres. El tipo de apego que desarrollaste con ellos te impulsa a elegir a una pareja que tal vez te los recuerde y haga de la relación amorosa un encuentro "conocido" o, por el contrario, a escoger a alguien "muy distinto a ellos", de modo que evites "el riesgo" de repetir una historia que quizá te lastimó. En ambos casos la decisión se relaciona con tus primeros lazos de amor y de cariño.

Conocerte y conocer tu historia te permitirá manejarte de manera más consciente en el momento de elegir a un compañero o compañera de vida. Sin embargo, es inevitable afirmar que es justo la "similitud/diferencia" de la pareja que escojas la que hará que la relación amorosa te permita actualizar "tareas pendientes" de etapas anteriores de tu vida: vencer el miedo a la autoridad, defender tus necesidades e intereses con los otros, asumir responsabilidad ante tus errores sin culpar a los demás, prescindir del reconocimiento imperioso de los otros, asuntos que por lo general vienen de aprendizajes tempranos y se recrean en la vida de pareja.

Por ejemplo, volver a relacionarte con alguien muy autoritario y enojón como tu padre te puede impulsar a manejar ese reto no como el niño temeroso que corría a esconderse en su recámara y debía obedecer, sino como el adulto que eres hoy, con recursos y habilidades de los que carecías en la infancia. De esta manera la vida de pareja te ayuda a madurar, a atravesar procesos que no concluiste. Ya lo dice Antoni Bolinches: "El amor todo lo cura si la persona madura".

En cualquier circunstancia, el desafío de vivir en pareja es suficientemente complejo como para, por añadidura, unirte a alguien tan apegado a sus padres que se le dificulta sortear los desafíos propios del amor en general y de una vida de pareja en particular. Si algo caracteriza a la etapa adulta es la autonomía. Alguien que no ha conquistado una dotación suficiente de independencia no está listo para hacer pareja. Para quien, con las ventajas y desventajas que implica, no realizó en la adolescencia la tarea básica de diferenciarse de sus papás, la vida de pareja será como "jugar a la casita" o "a los novios", dado que seguirá "cosido a las faldas de mamá".

Tanto los padres en extremo "buenos" y sobreprotectores como los abusadores y descuidados dificultan en los hijos el camino de la autonomía. ¡Así que ponte atento! Pareciera que los hijos que no recibieron un nivel básico de cariño y respeto se dan a la tarea de conseguirlo a como dé lugar en la edad adulta. No existen padres perfectos, así que de una u otra manera tendrás necesidades insatisfechas y puntos débiles respecto a la relación con tus padres. Sin embargo, una actitud de responsabilidad y acción, tanto tuya como la de tu pareja, facilitará el recorrido de este proceso de crecimiento en compañía. Lo importante es encontrar a alguien dispuesto a posicionarse en un lugar de búsqueda e igualdad, que facilite la construcción de una relación de intercambio mutuo, acompañamiento y contención.

En ocasiones la vida plantea circunstancias difíciles, problemas dolorosos, retos desafiantes; de seguro en etapas complicadas habrás sentido el deseo de que alguien te cuide y te rescate. Una pareja puede cumplir la función "temporal" de contenerte al representar el papel de "madre" o "padre" en momentos de crisis y debilidad. En un sentido la vida de pareja te facilitará y hará más llevadera la vida en su totalidad; pero ojo: de manera necesaria eso es temporal, sólo mientras la crisis pasa y se retoma cierto equilibrio para continuar.

Una relación amorosa que en forma permanente juega roles paternos se verá lastimada en parte de su esencia, que es la igualdad y el intercambio entre los amantes. Asumir con rigidez esos papeles en la relación afectará, entre otras cosas, tu vida erótica… ¡porque no se tienen relaciones sexuales con los padres! Del mismo modo, una desigualdad jerárquica donde uno se encarga de manera permanente del otro erosionará paulatinamente la mutualidad propia del amor.

Por último, te invitamos a descartar como posible candidato amoroso a alguien que por las razones que sean no te reconozca como su pareja ante sus padres, oculte tu existencia en su vida familiar y te coloque en un lugar de invisibilidad. ¿Será que una persona incapaz de darte un lugar en su casa sí pueda dártelo en su corazón? A reserva de que la situación de su vida familiar sea abierta y temporalmente caótica, que tú la conozcas y que esa postura te haga sentido por un tiempo determinado, la respuesta contundente será: ¡no!

Pregúnta<u>TE</u>	**Pregúnta<u>LE</u>**
¿Quiero tener una pareja o quiero ser parte de una nueva gran familia?	¿Qué papel juegas en la vida de tus papás?
¿Tiendo a relacionarme con personas que se responsabilizan o dependen en extremo de sus padres?	¿Te ha costado independizarte de tu familia de origen?
¿Estoy dispuesto a relacionarme con alguien que no me quiera presentar ante su familia?	¿En qué consiste para ti la autonomía?

Cómo detectar a un "hijo crónico"

- Cuídate del perfil de persona cuya vida gira, de manera velada o evidente, en torno a su familia de origen.
- Alguien que no ha conquistado una dotación suficiente de independencia no está listo para hacer pareja.
- Para quien no realizó en la adolescencia la tarea básica de diferenciarse de sus padres, la vida de pareja será como "jugar a la casita" o "a los novios": seguirá "cosido a las faldas de mamá".
- Los hijos crónicos priorizan sus funciones de hijos por encima de sus otros roles en la vida. Sus progenitores dependen de ellos en detrimento de una vida autónoma.
- Otro perfil de hijo crónico es el que de manera abierta necesita la opinión o el consentimiento de sus padres para tomar cualquier decisión.

Clave 3

De olores y sabores

¡La química sí existe!

Del olfato nace el amor.
FERNÁNDEZ GUASTI

Yo huelo a ti.
Me persigue tu olor, me persigue y me posee.
No es este olor un perfume sobrepuesto sobre ti,
no es el aroma que llevas como una prenda más:
es tu olor más esencial, tu halo único.
Y cuando ausente mi vacío te convoca,
una ráfaga de ese aliento me llega del lugar más
[tierno de la noche.
Yo huelo a ti
y tu olor me impregna después de estar juntos en
[el lecho,
y ese fino aroma me alimenta
y ese aliento esencial me sustituye.
Yo huelo a ti.
DARÍO JARAMILLO AGUDELO

- Para las mujeres el amor romántico es más fuerte que el impulso sexual debido a que éste nace de una capa cerebral más primitiva.
- Los varones son más visuales por el funcionamiento de una pequeña región del cerebro, y por lo regular buscan el acto sexual más rápido que ellas.
- Las mujeres usan más el olfato que la vista, por lo que guardan más los olores, en especial los de su pareja.

Normalmente, ¿para qué utilizas el sentido del olfato? Sí: al igual que tú, para la mayoría de nosotros éste es un parámetro que nos permite disfrutar o renegar de los aromas que hay en nuestro ambiente; por ejemplo, disfrutamos del olor de una atractiva y exquisita comida, de un ramo de hermosas flores o de un suave perfume, pero de igual manera rechazamos un hedor penetrante. Te sorprenderá saber que este sentido no sólo se relaciona con las cosas, sino que también activa nuestro deseo de relacionarnos con alguien o, por el contrario, de rehusarlo: el olfato juega un papel importantísimo para que nos sintamos a gusto con alguien o no. Pero antes de adentrarnos en el tema de los olores veamos cómo se gestan y expresan las experiencias amorosas desde diversas perspectivas.

Existen muchas ideas sobre el amor, el desamor y el sexo, y son varias las personas que incursionan en el estudio de ellas: enamorados poetas, psicólogos, antropólogos y biólogos, entre otros, poseen innumerables teorías acerca del amor y el desamor.

Para el poeta la belleza física es *el elemento* importante para el enamoramiento; describe en forma armoniosa lo estético y es quizá mediante sus rítmicos versos que nos dejamos seducir e iniciamos en esta etapa la relación de pareja. Sin embargo, y a pesar de las embriagantes rimas del bohemio, en cada uno de nosotros surge el enamoramiento de diferente manera, muchas veces de acuerdo con nuestro entorno, nuestro carácter, nuestra sensibilidad o tal vez las circunstancias vividas con la ex pareja.

Por otro lado, desde su especialidad como antropóloga, Helen Fisher explica cómo elegimos los seres humanos a una pareja y no a otra: subraya que en realidad nadie tiene la respuesta absoluta, si bien existen diversos factores que intervienen para la elección, tales como la cultura, la familia y los amigos. Por lo general buscamos una línea común con la otra persona, además, por supuesto, de estar dispuestos a enamorarnos.

Pero ¿qué sucede cuando ninguno de los anteriores factores influye en nosotros? Con frecuencia nos enamoramos de personas que nos parecen misteriosas, enigmáticas o simplemente diferentes, a las cuales no conocemos ni entendemos bien, y las elegimos porque aparentemente buscamos algo "nuevo". En cuanto acaba la magia del enamoramiento pueden suceder dos cosas: la relación se termina o el enamoramiento se transforma y pasa a otro nivel, al del amor maduro: un ideal a alcanzar, antes o después, en una relación.

Además de las variantes anteriores, la ciencia de la biología señala otra, no menos importante. ¿Sabías que los cerebros de los hombres y las mujeres no son iguales? Por eso no respondemos igual en el manejo de las emociones, lo que a su vez provoca que actuemos de manera diferente en nuestra relación amorosa. Si te has dado cuenta, los varones son más visuales debido al funcionamiento de una pequeña región del cerebro. De la vista nace el deseo, se enamoran y por lo regular buscan el acto sexual más rápido que las mujeres. Desde principios de la humanidad los hombres han observado a las mujeres para saber si están dotadas en el aspecto físico para darles hijos saludables; esta información se ha grabado en *la capa primitiva* del cerebro del varón. Por eso ellos hablan de "amor a primera vista".

Las mujeres, en cambio, tienen una mayor actividad en un área del cerebro asociada con la memoria, por lo que no es de extrañar que se acuerden con precisión de los detalles racionales y emocionales. La memoria ancestral funciona así: la mujer se acuerda cuál es el hombre más apto o fuerte para ser el padre de sus hijos; primero se encariña de él, lo desea y al final se enamora. El proceso, entonces, es más lento y enraizado.

Estudios recientes demuestran que el amor es un fenómeno biológico, y es sobre éste como se construye la estructura social. Interesante, ¿verdad? Somos el producto de la cooperación para la conservación de la especie y no de la lucha del más fuerte contra el más débil por la supervivencia. El amor y la biología se entrelazan como una enredadera.

Dentro de *la química del amor* las hormonas más importantes son la de la ternura y el amor —la dopamina—, así como la que nos proporciona el entusiasmo —la feniletilamina—. Asimismo, el amor pasional y la vida sexual que evolucionan en una relación calmada, segura y llena de afecto se ven favorecidos por la oxitocina; por su parte, el deseo y el sexo dependen de los niveles de testosterona. Finalmente, las endorfinas nos dan energía y plenitud.

Sin lugar a dudas todas las explicaciones mencionadas hasta aquí tienen algo de razón, pero ahora queremos destacar la centralidad del aspecto biológico olfativo. El olfato es el sentido que se encuentra en la parte más antigua del cerebro; por eso el olor de la pareja es muy especial para cada uno de nosotros: de éste depende que se fortalezca o debilite el vínculo entre los amantes. Es increíble descubrir que el aroma de los humanos es como la huella digital de tu mano o de la mía; es decir, único y característico en cada individuo.

En 1986 Winnifred Cutler, licenciada en psicología y doctora en biología con especialidad en endocrinología conductual, descubrió las feromonas: sustancias químicas que actúan para atraer al otro sexo y que en los humanos funcionan de manera especial a través del olfato.

Por su parte Helen Fisher, antropóloga a quien ya mencionamos, ha investigado por años el comportamiento humano, en particular en el área del amor mántico. Ella realizó un experimento que consistió en pedirle a un grupo de mujeres que olieran camisetas sudadas por varones, tras el cual registró que las mujeres seleccionaban, sin saberlo, las camisetas de los hombres más fuertes y en mejores condiciones de salud.

El sentido del olfato forma parte de nuestro sistema nervioso más primitivo y genera el más inconsciente y poderoso "test" de compatibilidad. Los estudios más actuales indican que los seres humanos usamos el olfato para buscar parejas compatibles a nosotros. Por eso nos atrevemos a asegurarte que si no te gusta el olor de alguien con quien estás saliendo, es difícil que te guste esa persona, y probablemente la relación tenga muchas posibilidades de ser infructuosa. Si el olor del futuro candidato o candidata no es de tu agrado, hay poco por hacer para crear y sostener una relación: parejas que se crean sin esta premisa fracasan debido a olores incompatibles. No eches esta observación en saco roto: no hay que menospreciar ningún factor cuando de amor y sexo se trata.

Pregúnta<u>TE</u>	**Pregúnta<u>LE</u>**
¿Te gusta cómo huele el posible prospecto?	¿Te gusta cómo huelo?
¿Se parece a tu familia pero al mismo tiempo es enigmático?	¿Me parezco a alguien de tu familia? ¿En qué?
¿Disfrutas de sus palabras pero te fijas en lo que hace?	¿Te importaría irte despacio en el proceso de formar pareja? ¿O quieres correr?

Lo que debemos saber sobre la química del amor

Todo es "química" en el amor, el cariño y el sexo:

1. El aroma de los humanos es como la huella digital: es lo único y característico de cada individuo.
2. Estudios actuales indican que los seres humanos usamos el olfato para buscar parejas compatibles a nosotros.
3. El olor de la pareja es muy especial para cada uno de nosotros: puede hacer más fuerte o más débil el vínculo entre los amantes.
4. En un experimento se le pidió a un grupo de mujeres que oliera camisetas sudadas por varones y ellas seleccionaron, sin saberlo, las de los hombres más sanos.
5. Si el olor del futuro candidato o candidata no es de tu agrado, no hay nada que hacer: hay parejas que se crean sin esta premisa y después fracasan por olores incompatibles.

Clave 4

¿Pero qué me pasó?

Entendiendo un poco mi pasado

> No llores porque ya se terminó, sonríe porque sucedió.
>
> Anónimo

- Una pérdida remueve las entrañas emocionales y conecta con sinsabores y duelos de etapas anteriores de la vida, pero es una oportunidad para sanar de raíz.
- Las relaciones de pareja son un intercambio permanente de cariño, apoyo, diversión y escucha, pero cuando uno de sus miembros toma el papel de "terapeuta comprensivo", la relación termina por perder "sazón".
- Tú no puedes cambiar a una persona si ella no marcha por sí misma en un camino de transformación.
- La codependencia amorosa impide establecer nuevas relaciones de pareja, y en casos extremos se equipara con cualquier adicción.

Es común salir lastimado de un rompimiento amoroso. También es frecuente depositar nuestro dolor y frustración en nuestra ex pareja. Quizá te escuchas diciendo: "La culpa es más de mi ex, yo estoy bien, por eso me será más fácil salir bien librado de esta separación".

En una primera etapa del rompimiento puede ser que una explicación autocomplaciente te ayude a no entrar en el caos, pero la vida no funciona permanentemente de esa manera: tarde o temprano requerirás un alto en el camino para revisar tu posición en la terminación de tu anterior vida de pareja: qué responsabilidades omitiste, cuáles asuntos no consideraste importantes, qué actitudes nunca cuestionaste, etcétera. Este análisis no sólo te servirá para entender lo que pasó, sino para reconocer los patrones de interacción que acostumbras seguir y evitar repetirlos en una nueva relación. Ya lo dijimos en una clave previa: si transitas de manera consciente el proceso de duelo y asumes responsabilidad, se te facilitará no quedarte atorado en una relación caduca.

¿Quién no conoce al típico divorciado que se la pasa deprimido o hablando mal de su ex? Muchos solteros que se ponen de nuevo "en circulación" descubren con desencanto que hay muchas personas que siguen atrapadas en su pasado. Lo que se deja ver con más frecuencia es el "mal enganche" con el ex debido a la historia de la propia relación o bien a temas más antiguos de la adolescencia o incluso de la infancia. Cuesta trabajo creer que una pérdida remueva las entrañas emocionales y conecte con sinsabores y duelos de etapas anteriores de la vida, pero así es. Esta realidad, aunque compleja, también es una oportunidad para sanar de raíz.

Tal vez tú no tienes "cuentas pendientes" porque has ido revisando, acomodando y reparando las pérdidas anteriores, pero ¿qué hacer si un futuro compañero sigue atorado en su pasado? Contemplamos dos opciones concretas: salir corriendo o convertirte en su seudoterapeuta... Quizá sea mejor alejarse, porque "terapiar" a un amigo/novio es agotador y por lo general los resultados ¡son terribles! Por supuesto que los encuentros amorosos sirven para apoyarnos unos a otros en el camino de la vida. Todos esperamos eso de una pareja, pero es muy distinto a posicionarte como el paño de lágrimas, el salvavidas o el consejero permanente de tu nuevo amor, ya que interferirá de manera negativa en la construcción de una incipiente relación amorosa.

Las relaciones de pareja son un permanente intercambio de cariño, apoyo, diversión, escucha; por eso, cuando uno de sus miembros toma el papel único de "terapeuta comprensivo", la relación termina por perder "sazón". Tú no puedes cambiar a una persona si ella no marcha por sí misma en un camino de evolución: el cambio requiere de un deseo interno por transformarse y de una serie de acciones decididas para lograrlo.

¿Cómo detectar que el pasado sigue siendo un obstáculo para una nueva relación? Quizás hablar mucho de la ex pareja, ya sea en forma positiva o negativa, es un síntoma claro de que aún no se ha dejado ir esa relación. Vale la pena considerar si el apego a una vida anterior sin procesar facilita un nuevo encuentro; no se trata de borrar para siempre a los ex de la vida, menos aún si hay compromisos e hijos de por medio, pero sí de asegurarse que la parte dolorosa y complicada del rompimiento esté en un franco proceso de recuperación.

Quizá tú eres quien aún se encuentra muy estancado. Ya lo decía Freud: "Somos producto de nuestro pasado", y subrayaba esto con la frase: "Infancia es destino". Nosotros pensamos que una afirmación así de categórica indicaría que la infancia determina toda nuestra vida, por lo que de nada serviría intentar cambiar; sin embargo, estamos convencidos de que las experiencias previas, sobre todo las infantiles, condicionan nuestras elecciones, nuestros deseos y nuestras necesidades. Hay que conocernos para manejarnos mejor y hacer un mejor uso de nuestras habilidades y destrezas: hay que trabajar por conquistar nuestra libertad.

Por lo general nuestros padres, cuidadores y familiares muy cercanos nos transmitieron los mitos, miedos, ideas, valores y creencias que ellos, a su vez, recibieron y recrearon. Esto nos lo fueron enseñando poco a poco, tanto con palabras como con acciones; por lo general integramos estos aprendizajes sin darnos cuenta de esa transmisión. Se requiere de cierto trabajo para tomar conciencia de que estamos repitiendo pautas de nuestros antepasados que nos resultan inoperantes en el momento actual.

Es sorprendente descubrir cómo albergamos creencias y replicamos patrones de conducta con los que estamos en desacuerdo de manera consciente: los repetimos aun cuando a cierto nivel no nos parecen valiosos ni necesarios para nosotros. ¡La inercia de los legados familiares es fortísima! Por eso se adhieren tan sutilmente a nuestra forma de sentir y actuar.

Todos formamos parte de algún modelo familiar que en sí mismo posee una estructura concreta que nos influye; si a eso sumamos la historia particular que tejieron nuestros antecesores, encontraremos una trama única, de gran influencia, que nos impulsa a actuar como lo hacemos hoy. Te invitamos a ubicar el estilo de familia a la que perteneces:

a) *Familia uniparental:* un papá o una mamá con sus hijos.
b) *Familia binuclear:* papás divorciados viviendo en casas separadas, pero compartiendo la crianza de los hijos.
c) *Familia nuclear:* papá, mamá e hijos.
d) *Familia reconstituida:* segundas relaciones donde los nuevos cónyuges tienen al menos un hijo de la relación anterior y a veces hay hijos de la nueva relación.
e) *Familia homosexual:* donde los padres son del mismo sexo.
f) *Familia extensa:* compuesta por tíos, primos, abuelos, etcétera.

Cada uno de estos tipos de familia tiene una estructura que influye en el desarrollo de sus miembros. Sin duda cada integrante posee a su vez rasgos individuales que inciden en la dinámica familiar, lo cual, sumado a los retos particulares que como grupo deben afrontar, genera un sistema de relaciones que predispone a sus miembros a actuar y a vivir de una manera determinada.

Tal vez al leer estas letras piensas: "¡Pero si eso ya es pasado!" Las familias tienden a repetirse a sí mismas, a replicar la historia de la generación anterior: a pesar de que las nuevas conductas familiares pueden tomar una variedad de formas diversas, siempre estarán influidas por creencias, valores, mitos, guiones y lealtades de las generaciones anteriores. ¿Has observado si el funcionamiento de los miembros de tu familia, incluso de ti mismo, repite patrones de antaño? Esto se hace más evidente en la forma de resolver los problemas, de manejar los sentimientos o de tomar elecciones de vida. Tras esta reflexión impera un cuestionamiento concreto: ¿cómo es que hoy resuelves tus problemas? ¿Estás actuando desde la libre elección o replicando modelos familiares? ¿Tiendes a hacerlo de manera violenta, con secretos, con adicciones?

Varias conductas destructivas, como el alcoholismo, la violencia, el incesto y diversos síntomas físicos, incluso el suicidio, tienden a transmitirse en las familias y pasan de una a otra generación. Esta transmisión no se da necesariamente en forma directa —es decir, que el hijo de un padre alcohólico también lo sea de manera inevitable—; sin embargo, al ver los "árboles genealógicos" es interesante reconocer cómo los estilos, las creencias y los problemas se filtran en otros miembros de la familia.

Podríamos darte muchos ejemplos para mostrar esta transmisión generacional. Por ejemplo, no hace muchos años era poco aceptada la idea de una separación conyugal; en consecuencia, se transmitía de padre a hijo y de madre a hija una imagen muy precisa del matrimonio y de la vida de pareja que excluía el divorcio. Romper un matrimonio no era una opción en la vida de pareja: pensar siquiera en hacerlo era inadmisible. Otro ejemplo tiene que ver con el hecho de asumir que un divorcio implica por necesidad una lucha campal entre los cónyuges, sin tomar en cuenta el daño que se les hace a los hijos. Quienes así lo creen descartan la posibilidad de relacionarse de manera armónica y hasta amistosa con su ex.

En la mayoría de los casos el principal vínculo de conexión entre las distintas generaciones es el de la "lealtad", la cual puede expresarse en forma de cuidados físicos, llamadas telefónicas, visitas, correos electrónicos, expresiones de interés, cercanía y respeto. La lealtad hacia la familia de origen es muy fuerte, pero ¿qué entendemos por "lealtad familiar"? Son las fibras invisibles pero resistentes que mantienen unidos fragmentos complejos de conducta relacional, tanto en las familias como en la sociedad. Para entender las funciones que cumple un grupo de personas, nada es más importante que saber quiénes están unidos por vínculos de lealtad y qué significa ésta para ellos.

De manera constante vivimos en busca de un equilibrio entre las antiguas relaciones familiares y las nuevas. Comprender lo anterior, diferenciarse y cambiar los viejos modelos es la meta de todo individuo que desea conquistar la libertad y crear relaciones de pareja y de familia sanas y satisfactorias.

Tú puedes reescribir la historia familiar que has recibido, así como dar un significado diferente a lo que ocurrió en tu pasado, al permitir que tu vida y la de tu familia actual se organice de una manera actualizada y funcional. Esta posibilidad adquiere suma importancia en el momento que deseas elegir pareja, ya que al analizar la historia familiar de tu prospecto puedes predecir ciertos comportamientos de la posible relación. No nos cansaremos de insistir también que si tú o tu posible candidato patinan en el pasado les será muy difícil iniciar un intercambio maduro y comprometido. También es importante poner la energía en el presente de la relación.

Algunos signos que te servirán como guía para saber si tu posible pareja tiene resuelto su pasado son los siguientes:

- Habla más en presente y en futuro que en pasado.
- Cuando toma alcohol no se centra en historias pasadas.
- No se expresa de su niñez de manera traumática, sino con aceptación e incluso alegría.
- No se queja de lo que sus padres le hicieron cuando era niño.
- Perdona los errores pasados de su padres.
- No está en pleito con su ex.
- Habla de su ex de una manera neutral.
- Perdona a su ex por el rompimiento amoroso.
- Su ex sólo está metido o metida en aspectos que se relacionan con sus hijos.
- Consulta a su ex de manera ocasional y sólo cuando es necesario.
- No depende de su ex económica ni emocionalmente.

- Su ex no se mete en sus nuevas relaciones.
- Las llamadas, correos electrónicos y chats entre los ex cónyuges se relacionan con los hijos.

Amar suele ser una de las mayores aspiraciones del ser humano. Por ello debemos ser cuidadosos para no ilusionarnos con alguien que probablemente sea dependiente de sus parejas pasadas. La codependencia amorosa impide establecer nuevas relaciones y en casos extremos se equipara con cualquier adicción.

A veces la renuencia a soltar el pasado encubre un sentimiento enraizado más abajo; por ejemplo, el miedo a experimentar la sensación de rechazo, la sensación de poca valía personal, tabúes en la vida sexual, entre otros. En este caso el camino, sin duda, es solicitar ayuda profesional.

Pregúnta<u>TE</u>	**Pregúnta<u>LE</u>**
¿Sigo sintiendo algo por mi ex en el plano amoroso?	¿Qué sientes por tu ex?
¿Estoy aún enojado con mi ex?	¿Sigues enojado con él? ¿Por qué?
¿Me cuesta trabajo permanecer en el presente y visualizar el futuro?	¿Tu ex sigue enganchado contigo? ¿Por qué no has podido cerrar en lo emocional?

¿Cómo detectar si el pasado es un obstáculo para una nueva relación?

- Al empezar a salir con una nueva persona es indispensable poner la energía en el presente. Si tú o tu posible candidato patinan en el pasado les será muy difícil iniciar un intercambio maduro y comprometido.
- Las experiencias previas, sobre todo las infantiles, condicionan nuestras elecciones.

- Se puede trabajar en conquistar la libertad y revisar la historia familiar de nuestros prospectos.
- Hablar mucho de la ex pareja, de manera positiva o negativa, es síntoma de no haber soltado la relación.

Clave 5

¡No me mientas!

Ni tan sincero ni tan preguntón

> Todas las verdades llevadas al extremo se acercan al vicio inmediato.
>
> EDMUND BURKE

- La mentira constante, manipuladora, agresiva es símbolo de abuso, de uso del otro, de inmadurez.
- Cuando te hagan sentir confundido o confundida no lo dejes pasar: puede ser la puerta para detectar un amor basado en el engaño.
- Pedir que no te mientan implica que tú también seas una persona veraz.
- Si quieres saberlo todo del otro puede ser una muestra de inseguridad.
- ¿Cómo saber cuando no se puede ni se debe decir toda la verdad?

Quizás uno de los mayores dolores de cabeza en las relaciones amorosas sea el tema de las mentiras, con frecuencia antesala de las traiciones. Las mentiras suelen deteriorar la confianza, y una pareja sin un grado básico de confianza no logra subsistir, y menos lo hace en paz. La mentira constante, manipuladora, agresiva es símbolo de abuso, de uso del otro, de inmadurez. Existen mentirosos experimentados que envuelven a sus víctimas: liarte con uno de ellos podría confundirte al punto de dudar de tus propias percepciones y limitar tus posibilidades de acción.

¿Cómo desarrollar una mirada aguda y un oído atento para distinguir la verdad de la mentira? ¿Cómo cotejar en la vida diaria si la persona ante ti es confiable?

Es posible poner atención a ciertas actitudes que te darán pistas para detectar a un mentiroso. Van algunas ideas:

- Revisa si desvía el tema cuando preguntas algo: puede que te diga cosas verdaderas, sí, pero no las que tú preguntas.
- Con frecuencia un mentiroso tarda en responder, como planeando qué decir para no contradecirse ni equivocarse.
- Su mirada se desvía a la derecha para usar la parte del cerebro que permite construir nuevas imágenes. Por el contrario, quien mira hacia la izquierda está activando la capacidad de recordar, no de crear.
- Algunos se tallan los ojos como si "supieran" que la mirada los delata. También se tocan la nariz, el cuello o se tapan la boca; estas muecas no sólo son signos de nerviosismo, sino la reacción a cierto malestar orgánico que se genera al mentir.
- Si tu interlocutor afirma algo mientras dice "no", moviendo la cabeza de un lado a otro, haz más caso al lenguaje no verbal que a sus afirmaciones orales.
- Detectar contradicciones e incongruencias permanentes puede ser un síntoma de que te están mintiendo.

Para darte cuenta de que otra persona miente de manera sistemática y no como algo ocasional requieres además tener presentes cinco aspectos fundamentales:

1. Tiempo: en dos semanas no te darás cuenta del todo si alguien es digno de confianza: se necesita cierto periodo de convivencia para que "la verdad se asome".
2. Que el enamoramiento baje un poco. Una idealización extrema del otro, junto con el engolosinamiento que produce esta

experiencia, predispone a cegarte frente a una realidad, por dura que ésta sea.

3. Transita diversos escenarios con la persona que sales para ver qué tanto lo que dice concuerda con su vida y con la opinión y trato que los demás tienen con él.
4. Si hay "espacios" en los que te esconde, en los que no permite que lo acompañes, ¡echa tu imaginación a andar!
5. Finalmente, ¡aguas con las personas mitómanas! Sí existen. Viven de la mentira como estrategia de supervivencia y minimizan sus efectos. Ellas mismas se autoengañan. Hablar de mitomanía es hablar de enfermedad mental, no de mala voluntad.

¡Qué importante es que te escuches cuando algo no te haga sentido, cuando veas incongruencias, cuando te hagan sentir confundido o confundida! Dejar pasar las primeras intuiciones es abrir la puerta a un amor basado en el engaño. ¡Hazte caso si algo te suena mal!

La honestidad es un valor fundamental, un requisito sin el cual una vida de pareja tarde o temprano se desmorona. Pedir que no te mientan implica que también seas una persona veraz. Nada te acredita para demandar a una pareja lo que no puedes ni quieres incluir en tu carta de presentación.

Sin embargo, para manejarte con veracidad primero debes empezar por no mentirte a ti mismo. No hay duda de que todos creamos "mecanismos de defensa" para que no nos "apabulle" la cruda realidad, pero crecer significa estar abierto a lo que *es*. Ser honesto contigo mismo requiere la intención de darte cuenta, el deseo de transitar un camino hacia la toma de conciencia. Pareciera que el peor engaño es el autoengaño, en el cual no se necesita ser descubierto para vivir con la recóndita angustia de ser un farsante.

En el extremo contrario del autoengaño existe la posibilidad de "abusar de la verdad", de usarla de manera inoportuna y exagerada. Veamos a qué nos referimos con esto: ¿en realidad el otro debe saber todo de mí y yo todo de él? ¿Para que una relación sea buena se requiere de una apertura total? ¿Será factible que cierto ocultamiento facilite la convivencia y preserve la individualidad?

Pretender vivir en "la verdad absoluta" no sólo es imposible, sino lastimoso, en particular en las relaciones amorosas. Los seres humanos tenemos un mundo público que incluye información que damos a conocer a todos: dónde trabajamos, a qué familia pertenecemos, nuestro estilo de vida en general. También tenemos un mundo privado, el cual abrimos a la gente cercana, con la que compartimos parte de nuestra intimidad. Ahí entran nuestros temores, algunos deseos e intereses, necesidades importantes, experiencias vividas y valores que nos mueven.

Además de estos dos mundos, el público y el privado, las personas poseemos un mundo íntimo que se juega en la profundidad de nuestro ser: ciertas fantasías, pensamientos y sensaciones; diversos sueños, temores, anhelos… Todos ellos habitan en el silencio de nuestro interior y, por tanto, crean un mundo complejo y contradictorio dentro de nosotros mismos.

El mundo íntimo es incomunicable. ¿Alguna vez has intentado ponerlo en palabras? ¿Has experimentado la confusión y el malestar que crea abrirlo en un espacio privado, en un intento de ser "honesto"? Transferir al mundo privado lo que pertenece a tu mundo íntimo lo distorsiona, pierde su sentido original, crea confusión y malestar. Todos tenemos derecho a preservar nuestro mundo íntimo para nosotros mismos; en él cuestionamos, soñamos y construimos nuestro ser. A veces ni nosotros podemos descifrarlo y entenderlo, menos aún compartirlo. Querer ponerlo en palabras y transmitirlo al otro no sólo es difícil, sino arriesgado. Es sano y necesario conservarlo como algo propio e interno.

Quizá tu deseo de compartir tu intimidad se relacione con una necesidad de ser honesto, pero también puede ser debido a que te perturba lo complejo de su naturaleza contradictoria. Si éste es tu caso, considera la posibilidad de abrirlo con alguien confiable que te escuche sin juzgarte. Será importante también que aprendas a manejarte con cierto grado de incertidumbre y ambivalencia. Si esto no te es suficiente valdrá la pena que busques un espacio terapéutico para trabajar sus contenidos.

Nadie puede obligarte a abrirte del todo, por lo que tú tampoco tienes derecho a exigirle a otro que devele su mundo íntimo ante ti. Las demandas insistentes como "¿en qué está pensando?" o "si no me dices todo es porque no me tienes confianza" no llevan a un buen final. Primero se es ser humano e individuo y luego, pareja.

Veamos ahora otra cara del tema de la verdad. Hay asuntos que sí se pueden comunicar y que además deseas compartir con alguien más. Sin embargo, no toda persona se hace acreedora a conocer ciertos asuntos. Muchas veces quienes demandan de manera insistente que se les diga alguna verdad, por íntima que sea, una vez que la tienen "en sus manos" no saben qué hacer con ella. Y no nos referimos con esto al caso de una mentira descubierta que se requiere explicar a modo de reparación; nos referimos a ciertos temas y dilemas que no cualquiera entendería ni manejaría.

Para ser digno de confianza es necesario dar muestras de juicio crítico, discreción y de una madurez básica. Una verdad, por poderosa que sea, en manos de alguien que no sepa qué hacer con ella generará un desastre. Hay personas que no están preparadas para conocer ciertas verdades: unas por inmaduras, otras por neuróticas, algunas por abusivas. Hay quienes no sólo no son merecedores de conocerlas, sino que dan señales de que prefieren ignorarlas. Sin abusar de este argumento como pretexto para no compartir algún tema o problema, es importante que antes de abrirte con alguien evalúes si sabrá qué hacer con aquello que le revelarás. ¿Has experimentado la desazón producida tras precipitarse a compartir un pensamiento o una opinión con malos resultados? Conocer al otro y cuestionar la razón por la que deseas participarle algo son aspectos centrales para resolver esta inquietud.

¿Y qué hay de la mentira ocasional? ¿Esa que se usa de manera esporádica y no daña a nadie? No existen argumentos para negar que un determinado tipo de mentiras facilita la convivencia y permite que las relaciones se den en un ambiente de armonía. Una persona que nunca mienta quedaría marginada en muy poco tiempo; por contradictorio que parezca, en algunos casos puede resultar lícito, maduro y hasta adecuado utilizar una mentira. Pero, ¿cómo no confundir el autoengaño con un oportuno ocultamiento de una verdad?

Aquí van algunos síntomas internos que te permitirán saber si mentiste de manera oportuna y constructiva, o bien por enojo, conveniencia o descuido. Si las mentiras son pocas y decirlas te produce una sensación interna de paz por haber hecho lo correcto, de seguro han sido buenas. A esto hay que sumar que, al ocultar alguna verdad, debes estar consciente de que puedes asumir, en caso necesario, las consecuencias del ocultamiento y aún así prefieres utilizarlo. El efecto de un uso esporádico del ocultamiento te permitiría experimentarte a ti mismo más congruente y seguro de tu conducta, y no como un farsante que esconde quién es y lo que hace.

Consideramos como buena aquella mentira que surge de la parte madura de quien la dice y que tiene el potencial de generar más beneficios al que la recibe que a quien la expresa. Si mientes de manera oportuna y adecuada estarás en busca de cuidar al otro o a la relación; de lo contrario, estarías hablando de una mentira "en defensa propia", que resulta comprensible cuando sabes que lo que hiciste generaría daños mayores a tu persona.

San Agustín decía que "a veces no decir toda la verdad no es mentira, sino una forma superior de verdad". ¡Porque no todo merece la pena ser dicho y sabido! Para elegir entre una mentira que evita un sufrimiento innecesario y una verdad que lo genera habrá que detenerse a reflexionar en conciencia para después decidir. En cualquier circunstancia cabe afirmar que las personas maduras mienten poco, lo hacen bien y esto les da buenos resultados. Por su parte, las inmaduras mienten mucho y con malos resultados.

El otro lado de la moneda es querer saberlo todo. Más que un "abanderamiento de la verdad", esta actitud es muestra de inseguridad, de falso interés, de afición por el chisme y de la necesidad de certezas, actitudes que en el amor no dan buenos resultados. El amor requiere cierta distancia, de cierto ocultamiento, de no enterarse de todo y de no dar todo por sentado. El costo de una relación amorosa que todo lo revela será sacrificar un amor vivo a cambio de otro "amor seguro", que "todo lo sabe" y "todo lo conoce". El amor es cosa de "gente grande", y los adultos maduros toleran cierta dosis de incertidumbre con el fin de mantener viva la llama del deseo y la ilusión. Adentrarse en el territorio del amor es atreverse a navegar entre las aguas de la contradicción y la complejidad, incluso de la ambivalencia.

Contrario a la apertura total está la actitud de no querer compartirse con alguien, o bien de abrirse con el otro "a tirabuzón y cuentagotas". Si quieres vivir en pareja, probablemente deseas cierto grado de calidez, de encuentro, de intimidad: esto implica abrirte y mostrarte al otro lo suficiente como para sentirte conocido y acompañado; develar algo de tus deseos, intereses, sueños y valores. Más que ser farsante o mentirosa, la gente que no se abre puede tener miedo a ser lastimada.

Esta reflexión nos pone en un camino de dos vías: se necesita fuerza para crear una relación de pareja, ya que el amor es goce, pero también tiene carga de riesgo y de sufrimiento. Por otro lado, el amor requiere ciertas precauciones. Uno no puede abrirse ante cualquiera: se requiere de una confianza básica que nos permita ver al otro como un aliado y no como un enemigo de quien nos tenemos que proteger. Cuánta razón tiene Leonard Cohen cuando afirma que "el amor no tiene cura, pero es la única medicina para todos los males".

Podemos seguir en este ir y venir de mentiras y verdades. El tema es inagotable y el camino, sinuoso... Sólo tú tienes la respuesta correcta.

PregúntaTE	PregúntaLE
¿Escuchas tu intuición interna cuando percibes en el otro la incongruencia y la falsedad?	¿Hay algo importante de tu vida que yo deba saber hoy?
¿Vives con extrema urgencia de saber y decir toda la verdad?	¿Cómo reconoces una relación basada en la confianza y la honestidad?
¿Distingues qué es importante compartir y qué es necesario callar?	¿Te gusta abrir tu mundo interno cuando te sientes a gusto con alguien?

¿Ser honesto es decir siempre la verdad?

El extremo contrario al engaño es "abusar de la verdad" para usarla de manera inoportuna y exagerada:

- ¿Realmente el otro tiene que saber todo de mí y yo todo de él o ella?
- ¿Para que una relación sea satisfactoria requiere una apertura total?
- ¿Es factible que cierto ocultamiento facilite la convivencia y preserve la individualidad?
- Vivir en "la verdad absoluta" no sólo es imposible sino lastimoso: todos poseemos un mundo íntimo que se juega en la profundidad de nuestro ser.
- El amor requiere cierta distancia, cierto ocultamiento, no enterarse de todo ni de dar todo por sentado.

Clave 6

Con dinero o sin dinero…

¡Mejor de más que de menos!

> La igualdad en la riqueza debe consistir en que ningún miembro de la pareja sea tan opulento que pueda comprar a otro ni ninguno tan pobre que se vea precisado a venderse.
>
> Adaptación a partir de JEAN-JACQUES ROUSSEAU

- Los hombres son preparados desde la infancia para ser proveedores; en la mayoría de los casos ser un buen hombre se equipara con lograr ese objetivo.
- Cada vez hay más mujeres que ganan mejor que los hombres, pero cuidado: ellas no deben caer en repetir las mismas prácticas de poder que los varones.
- El tema del dinero debe ser transparente y democrático en el interior de las parejas para lograr relaciones igualitarias.

Desde que nacemos, el dinero está presente en nuestras vidas. Para bien o para mal vivimos en una sociedad capitalista, donde éste no sólo nos sirve para comprar y vender objetos, sino que tiene un significado en el ámbito psicológico. Entre otras cosas: seguridad, poder y amor.

El dinero es uno de los mayores elementos de conflicto en una relación de pareja: por medio de lo económico se juega más que la simple elección de vacaciones y actividades: se disputa el poder. El control del dinero por lo general viene cuando alguien gana más y utiliza este hecho para manipular, humillar o degradar a su pareja. Ese poder se hace también palpable con la administración del dinero, su disponibilidad real y la toma de decisiones.

Hablar del dinero en la pareja es también hablar del amor. Nuestras prácticas concretas con el dinero en la pareja reflejan y expresan maneras muy precisas de querer al otro y de quererse a uno mismo. No estamos diciendo que el dinero se intercambie por el amor, sino que el manejo del mismo proyecta si nuestra manera de querer es controlando, subordinando y asfixiando, o contribuyendo a generar condiciones de desarrollo y crecimiento. Si aceptáramos que la pareja es fundamentalmente una relación entre dos sujetos que intercambian todo aquello que necesitan para vivir con la mayor plenitud posible, el dinero representaría el aspecto material de dicho intercambio.

Tratar de llevar adelante una relación cuyo modelo ha sido concebido sobre la base de niveles jerárquicos, donde la división estereotipada de roles convierte a cada miembro en rey absoluto —ellos reyes del mundo y ellas reinas del hogar—, nos transforma a hombres y mujeres en víctimas o victimarios, al quedar cada uno a merced del otro y a la espera del momento para dar un golpe y ganar. Este esquema de relación, basado en la desigualdad económica —entre otras—, genera condiciones de opresión mutua. En un escenario así el amor se llega a concebir como lucha, la solidaridad como sobreprotección y la autonomía como un atentado contra la unión.

Quien tiene más dinero en la relación —y con éste controla y monopoliza los bienes— coloca a la otra persona en un lugar de dependencia y demanda, con una estrategia que podríamos llamar "metodología del goteo": nunca da más dinero que el estrictamente indispensable para "subsistir". Esta técnica se fundamenta en la convicción de que el otro, muy a menudo la mujer, carece de capacidad organizativa y se le debe proteger y controlar. La "metodología del goteo" contribuye a perpetuar un juego mutuo de poder y dependencia. ¿Qué encubren una mujer que acepta a un hombre "codo" y un hombre que tolera el reclamo diario? Reeditan un diálogo desigual: desigual en tamaño, en recursos y en poder.

Ahora haremos algunas distinciones en relación con el tema del dinero desde cuatro perspectivas, para que percibas el papel fundamental que juega en la relación de pareja. Diferencia de género en relación con el dinero, el dinero en el matrimonio, el dinero en el divorcio y, por último, la importancia del dinero a la hora de elegir pareja.

1. Diferencias de género. Los mensajes que recibimos hombres y mujeres desde niños son muy diferentes. En general a las niñas se les enseña a cooperar, a darle importancia a los sentimientos, administrar y cuidar la forma en que se gasta el dinero, así como a cuidar a otras personas. Por el contrario, en cierto modo ellas esperan la protección física y económica de parte de los hombres.

    Por otro lado, a los varones se les educa para competir, minimizar lo que sienten, buscar privilegios de todo tipo por el solo hecho de ser hombres. También se les entrena para intentar ganar en cualquier actividad y gastar el dinero en gustos personales más que en necesidades familiares. Por todo lo anterior los hombres son educados para ser proveedores, y en la mayoría de los casos ser un buen hombre se equipara con lograr ese objetivo.

    Cuando entre hombres se pregunta "¿cómo estás?", la respuesta "muy bien" tiende a referirse al aspecto económico. Por eso aquellos que no son exitosos en lo económico se sienten fracasados, deprimidos y en casos extremos incluso llegan al suicidio.

    Como todo en la vida, ser exitoso en ese aspecto es relativo, ya que está condicionado por la historia de vida y con frecuencia por el nivel socioeconómico de los padres cuando se nace: la mayoría de los seres humanos tratamos de mantenernos cuando menos en el nivel socioeconómico de nuestra familia de origen cuando éramos niños, por lo que medimos nuestro éxito o fracaso económico en relación con ese parámetro. Dadas las circunstancias globales, en la actualidad es más difícil conservar ese nivel, y es triste ver a hombres y mujeres trabajando dobles turnos o fines de semana para lograrlo, mientras dejan para el futuro cosas bellas de la vida que, por supuesto, requieren tiempo para alcanzarse.

Quizá la necesidad de presencia física y emocional, esencial para formar vínculos afectivos de calidad, sea la más afectada por esta actitud extrema: es común que la búsqueda económica lleve al descuido de la vida personal, de la pareja, los hijos y otros seres queridos.

Vemos pues que el abandono de la familia se relaciona mucho con el tema del dinero y el trabajo, y este esquema se desarrolla para cumplir con el mandato social de "tener una posición sólida", todo esto sin evaluar los costos físicos y emocionales que conlleva tal estilo de vida. El dinero, al final de cuentas, sí tiene que ver con la manera como nos sentimos y nos evaluamos. Esperamos que te cuestiones cuáles son los costos y los beneficios del lugar que ocupa éste en tu vida y del mecanismo que usas para ponerlo en ese lugar.

2. El dinero en el matrimonio. Por lo general, en México se asume que el principal proveedor en una familia debe ser el hombre —aunque muchísimas mujeres trabajen, además, fuera de casa—. El problema aquí es que en la mayoría de los casos se hace efectivo el viejo refrán de "quien paga, manda", con lo que se crea una inmensa desigualdad entre los miembros de la pareja. Esta realidad se da en todas las clases sociales, pero se observa marcadamente en las clases alta y baja, donde es más común que las mujeres no trabajen fuera de casa.

   Los hombres tienden a utilizar el dinero como una forma de controlar a la pareja, lo que puede crear en ella un resentimiento que irá creciendo a lo largo de la relación. En otros casos el hombre sí permite que la mujer administre el dinero de la casa, pero él se reserva la toma de las decisiones en las inversiones considerables, en los gastos importantes, así como en la asignación de montos para regalos, vacaciones y diversiones. Existen casos extremos, pero no poco comunes, en los que los varones no le dicen a sus esposas cuánto ganan ni cuánto tienen por temor a "perder el control" de la administración.

Por tratarse de un tema complejo, estamos convencidos de que el dinero no debe usarse para controlar ni dominar al otro: cuando la mujer no trabaja fuera de casa es fundamental que cuente con algo de dinero que sea sólo de ella; para cualquier emergencia, a menos que tenga un patrimonio económico, es muy recomendable que genere ingresos que a mediano plazo le eviten depender de su pareja.

Con cierta frecuencia existe el caso de mujeres que ganan más que el hombre. Es común observar que muchas de ellas, víctimas de una sociedad machista, repiten las mismas prácticas de poder de los varones e incluso llegan a decir que el dinero que ganan es sólo de ellas, mientras que el que genera él pertenece a toda la familia. No cabe duda de que estamos en una revolución matrimonial donde el tema del dinero se debe transparentar y democratizar para lograr relaciones igualitarias, las cuales hoy son la única puerta de un entendimiento en la vida de pareja.

3. El dinero en el divorcio. Si bien el dinero siempre es un tema entre solteros y casados, los problemas en esta área se agudizan cuando las relaciones amorosas terminan. Lo primero que debemos puntualizar es que pocas conductas resultan tan lastimosas para los hijos como que el hombre use el dinero para influir en la mujer y que ésta utilice a los hijos para presionar o castigar a la pareja. Es indispensable proteger la salud

emocional de los hijos. Quizá la mala fama del divorcio se relacione más con los daños ocasionados a éstos por los malos manejos de los ex cónyuges que por el dolor temporal ocasionado por la ruptura. De manera ideal la pareja en vías de terminar debe saber cuánto dinero poseen y cuánto ganan. Si esa información es secreta hay que buscar transparentarla para que la negociación económica sea justa para ambas partes. Es importante que ambos conozcan la ley para conocer sus derechos y obligaciones: de preferencia negociar con un mediador y no con abogados, ya que estos últimos tratarán de ganarle al otro cónyuge. Cuando uno de los dos pierde, los hijos pierden también. Atravesar esta etapa acompañados de un mediador facilitará el mejor arreglo entre los dos y al mismo tiempo cuidará la salud emocional de los hijos. Sobra decir que tras un divorcio la situación económica de la pareja se verá afectada: para nadie será buena la nueva realidad económica, a reserva de que se tenga una posición particularmente desahogada y buena voluntad. Crear dos familias a partir de una que se separa merma el nivel de vida familiar; sin embargo, un buen acuerdo en lo económico permitirá que tras el divorcio el estándar de vida no quede por debajo de la "línea sutil".

Es probable que esta etapa requiera que ambos ex cónyuges trabajen, y si ya lo hacían, que lo hagan por más tiempo o con mayor calidad. Si no es tu caso y dependes en lo económico de tu pareja es importante que inicies un negocio o busques trabajo: la autonomía económica facilita la vida y favorece la igualdad y la libertad.

4. El dinero al elegir pareja. Si ya saliste de un rompimiento amoroso y buscas una nueva pareja es importante, por trivial que parezca, que tomes en cuenta el nivel socioeconómico del candidato. No se trata de evaluarlo por su dinero, pero tampoco puedes descartar ni minimizar el tema. Como veíamos con

anterioridad, existe una "línea sutil" en el tema económico que no deseamos omitir. Si la persona que eliges no está por encima de esta línea, se abre la posibilidad de que el tema económico se convierta en un problema. Insistimos en que no se trata de que priorices el asunto, pero sí de que busques a alguien con un nivel de vida parecido al tuyo. Vivir con alguien no es fácil, y si a eso le agregamos dedicarle mucho tiempo y energía a conseguir dinero, lo dificultará más. Aparte de todo, por desgracia, las extremas diferencias de poder económico dejan sentir su influencia en la relación; un refrán popular dice: "El que tiene plata: platica..." Es crudo decir que una igualdad económica favorece la igualdad en otras áreas.

Muchos hombres ya no quieren casarse en la "segunda vuelta": no están dispuestos a mantener a su ex y ahora a una nueva esposa que con el tiempo se puede convertir en otra ex. Por eso mismo es importante y necesario que la mujer sea también independiente en términos monetarios: este hecho no sólo le da la ventaja de generar una relación de mayor igualdad, más libre de luchas de poder y abusos, sino que también la hace una mejor candidata a la hora de entrar en circulación.

Si buscas pareja, contesta con honestidad las siguientes preguntas:

- ¿Tu candidato a pareja es de tu mismo nivel socioeconómico?
- Si ya pasó por un divorcio: ¿sus compromisos con el ex y sus hijos van en aumento por los gastos de escuelas, universidades, automóviles, etcétera?
- ¿Tiene que mantener a sus padres?
- Si eres mujer, ¿estás esperando que te mantenga o que coopere contigo económicamente?
- Si eres hombre, ¿quieres que sea autosuficiente en términos económicos? ¿O incluso esperas que te apoye?
- ¿Dividirán gastos a mitades?

- ¿Están dispuestos a abrir una cuenta común o alguno de los dos quiere reservar sus ingresos para sí?
- Si no se casan, ¿qué pasará con las propiedades o el dinero que generen mientras estén juntos?
- ¿Piensan heredarse algo mutuamente en caso de seguir juntos hasta la muerte?
- ¿Su ritmo de vida en término de gastos es parecido al tuyo?
- ¿Piensan vivir juntos? ¿En tu casa o en la suya?

La vida en pareja es rica en satisfacciones y oportunidades, pero a la vez compleja, por lo que siempre será mejor prever las áreas de conflicto, entre las cuales la económica es un asunto central. Busca por eso a un prospecto responsable y solvente en lo económico, abierto en el tema del dinero y consciente del poder que se juega a través de él.

Recuerda el refrán: "Cuentas claras, amistades largas", o en tu caso: "noviazgo o matrimonio largo", y por supuesto en contra de la inequidad.

Pregúnta<u>TE</u>	**Pregúnta<u>LE</u>**
¿Las diferencias económicas representan un tema para mí?	¿Te molesta hablar abiertamente sobre dinero y llegar a acuerdos?
¿Busco a alguien que me apoye en lo económico o estoy dispuesto a mantenerlo yo?	¿Crees que el tema económico tiene un peso en las relaciones de pareja?
¿Tengo claridad de lo que deseo en lo económico y estoy dispuesto a hablarlo?	¿Cómo te manejabas económicamente en otras relaciones de pareja?
¿Qué tan esplendido soy con el dinero?	¿Quién tenía el control en tus relaciones amorosas?

Manual de equidad

El dinero nunca debe usarse para controlar o dominar al otro ("Mira, Bartola, a'i te dejo estos tres pesos...")

- Al buscar pareja, fíjate en su situación económica: no para priorizarlo, sino para establecer una compatibilidad en este terreno.
- Hasta el enamoramiento más romántico requiere hablar de temas económicos antes que empezar con problemas de dinero.
- Cuando la mujer no trabaja fuera de casa es fundamental que cuente con algo de dinero que sólo sea de ella; aun así es muy recomendable que genere ingresos propios que le eviten depender de su pareja.
- Es codo aquel que permite gastar a su pareja sólo en aquello que considera importante para sí, sin tomar en cuenta las prioridades de su compañero.
- Aquellos o aquellas que van dando dinero en pequeñas dosis no sólo demuestran su mezquindad, sino su deseo de control sobre el otro.

Clave 7

¿Víctima o villano?

Entre el resentimiento y la culpa

> El infierno y el paraíso me parecen desproporcionados: los actos de los hombres no merecen tanto.
>
> JORGE LUIS BORGES

> No dejes que se muera el sol sin que hayan muerto tus rencores.
>
> MAHATMA GANDHI

- En tu relación anterior, ¿quién propuso el rompimiento y quién "lo padeció"?
- Ni el terminador es el villano ni el terminado la víctima: los procesos de cada uno son diferentes.
- Al terminar con tu ex pareja, ¿en realidad transgrediste algo importante para ti y fuiste innecesariamente lastimoso?
- Un buen *terminador* necesita aceptar la proporción adecuada de su culpa, reparar lo reparable y hacer notar lo irreparable.
- Para ser un "buen" *terminado* y continuar la vida requieres hacerte cargo de tu dolor, trabajarlo y atravesarlo.
- Amar es sufrir un poco, pero no enfermar. ¿Cómo decir adiós a las relaciones que empobrecen o lastiman?

Después de terminar una relación amorosa es probable que te preguntes si el amor en pareja es en verdad posible, si se pueden evitar errores pasados y lograr que una nueva relación funcione. Es probable que hoy, cuando ha pasado algo de tiempo, mires con mayor calma y claridad el proceso de deterioro que se dio en tu pasada vida de pareja, así como los efectos emocionales que experimentaste tras el rompimiento.

No queremos remover heridas que ya están sanando, sino ayudarte a entender un poco mejor el papel que jugaste en tu separación amorosa, de modo que asumas la responsabilidad que te toca y te deshagas de las cargas que no te sirven. De este modo iniciarás una nueva relación de pareja o simplemente vivirás en paz.

Lo primero que debes hacer es preguntarte si te diste "atole con el dedo" al explicarte lo que precipitó tu terminación, al generar respuestas evasivas y autocomplacientes de lo ocurrido. Sin duda, las explicaciones que te hayas dado sirvieron en su momento para atravesar el duelo y seguir adelante. Sin embargo, con el paso del tiempo valdría la pena dejar de considerar que el otro es culpable del "fracaso", o al menos aferrarte a creer que él o ella es más culpable que tú.

Quizá tu postura frente a la separación sea distinta, y lejos de culpar al otro del rompimiento, te sobrecargas y "no te logras perdonar". ¿Cómo aligerar ese peso que arrastras? Porque si no la sueltas ¡vivirás con una sensación de opresión permanente!

Descubrir y entender la dinámica que se dio en tu relación pasada y la parte que jugaste en ella te hará sentir más preparado para asumir la responsabilidad que te corresponde, reparar lo que de ti dependa y evitará que en el futuro repitas viejos patrones al hacer una nueva elección. Esta reflexión personal te facilitará adueñarte de la parte que te compete y seguir adelante de manera liviana y constructiva.

¿Acaso eras el "sabelotodo" y tenías que resolver tus problemas, los de tu pareja y los de la relación? ¿Necesitabas un padre o una madre que te cuidara y procurara todo tipo de atenciones y deferencias? ¿O bien querías sentirte papá o mamá de tu pareja y por tanto indispensable, benévolo y algo superior?

¿Acaso anulabas tus necesidades y deseos al pensar que los de tu pareja eran más importantes que los tuyos? ¿Llevabas el control de la relación porque considerabas al otro "incapaz" de tomar decisiones que te convencieran?

Algunos de estos estilos relacionales parecerían exagerados y caricaturescos, pero si observas a tu alrededor te darás cuenta de que son bastante más comunes de lo que creemos. ¿Te identificas con alguna de estas interacciones? Reconocer tu rol en la pasada relación te dará seguridad personal y ayudará a enfocarte en lo que ya no quieres repetir.

Una vez detectado el rol de pareja que desempeñaste, te invitamos a descubrir también el papel que jugaste en el momento mismo de la separación. Sobra decir que es muy distinta la postura de quien propone el rompimiento que de quien "lo padece": si bien ambos miembros de la pareja "han tenido vela en el entierro", tomar la decisión de terminar y "recibir el notición" sin esperarlo causa efectos muy distintos en las personas.

En algunos casos la pareja elige separarse de común acuerdo. La experiencia de decidirlo entre los dos y prepararse para la separación facilita los acuerdos y movimientos que implica un rompimiento. Las decisiones conjuntas aligeran el trayecto que falta por recorrer, pero no es algo que ocurra con mucha frecuencia: por lo general uno de los miembros de la pareja propone el rompimiento mientras que al otro se le informa la decisión tomada.

Para crear una pareja se necesita el consenso de dos personas, pero para terminarla basta con la decisión de una. Por eso en las separaciones amorosas hay *terminadores* y *terminados*. La situación de un terminador es muy distinta a la del terminado. Ambos se sienten tristes, preocupados y quizás enojados, pero sus diversas posiciones en este proceso les dificultarán entenderse y llegar a acuerdos aun para las negociaciones de mayor sentido común.

A esta realidad se debe agregar que es imposible evitar el juicio de la sociedad: el *terminador* con frecuencia es visto, incluso por los hijos, como el "villano", y el *terminado* como la "víctima" que debe aceptar sin desearlo la decisión del desamor. Poco ayuda para salir adelante comprarse estas etiquetas; lo que sí resulta útil es entender que los procesos de cada uno son diferentes.

Si tú has sido el que propuso la terminación, es posible que te sientas culpable, debido a que sin duda te preparaste con anticipación para afrontar la decisión, reflexionaste lo que vendría y fuiste viviendo el sufrimiento y el duelo poco a poco. La culpa pudo hacer que sintieras remordimientos por lastimar a tu pareja y cambiar la vida de tus hijos, si es que los tienes. La sensación de ser inmerecedor, malo y cruel puede haberte atormentado o bien generado una profunda desazón en tu interior.

¿De qué se trata este sentimiento de culpa? La culpa aparece cuando haces algo que no corresponde a lo que piensas, por lo general porque las acciones realizadas no están a la altura de alguna norma que aprendiste desde muy pequeño o porque desafías principios y valores que siempre has respetado, pero que hoy descubres que han sido poco cuestionados por ti. La culpa es la señal de que "se está violando alguna norma".

Vale la pena que te cuestiones si en realidad transgrediste algo importante para ti y si fuiste innecesariamente lastimoso con tu ex pareja. Una separación conlleva un dolor inevitable para todos los involucrados, el cual necesita ser experimentarlo por todos para atravesar con éxito el duelo de las tantas pérdidas que acarrea un evento de esta magnitud. Sin embargo, corresponde que distingas entre lastimar con dolo a los demás y asumir que las propias decisiones son dolorosas para mucha gente.

Si tras una honesta reflexión reconoces que sí transgrediste una norma o un principio ético, ya sea por descuido, comodidad o negligencia, tu culpa es sana y oportuna y aún puedes pedir disculpas y reparar en la medida de lo posible el daño realizado. Si, por el contrario, simplemente rompiste promesas incumplibles o desafiaste prejuicios y creencias ancestrales que nada tienen que ver con el presente que vives, más que reparar necesitas entender y acomodar tu decisión para estar en paz.

Quizá tu relación era demasiado pobre, lastimosa o caduca. En ese caso, sin que sea fácil afrontar las consecuencias de tus actos, considera que ha valido la pena sostenerte en una decisión que de por sí es difícil para todos los involucrados. Adoptar una postura firme y decidida no es tarea sencilla, pues implica desafiar los propios temores al tiempo que atraviesas un sinfín de imposiciones sociales. Un buen terminador necesita aceptar la proporción adecuada de su culpa, reconocerla, reparar lo reparable y hacer notar lo irreparable.

Pero ¿qué pasa cuando no eres el terminador sino el terminado? La posición es muy distinta, pues si la decisión te tomó por sorpresa e iba en contra de tus deseos, de seguro se te habrá dificultado dejar ir la relación. El tema del enojo también puede resultarte complicado, pues tu sensación de impotencia y abandono tal vez te genere mucho malestar. ¡Sentirse rechazado es un golpe a la autoestima! Genera desasosiego y resentimientos profundos. Salir de la tristeza y el enojo requiere sentir el dolor que corresponde a la pérdida vivida.

La experiencia de rechazo puede haberte vuelto más introspectivo y hacer que te autoevaluaras constantemente para ver qué falla provocó el rechazo de tu pareja. Es probable que algunas explicaciones te permitieran entender lo que pasó, pero de seguro no agotaron la compleja realidad de tu relación pasada ni resolvieron tu sensación de pérdida.

Para ser un "buen" *terminado* y continuar la vida requieres hacerte cargo de tu dolor, trabajarlo y atravesarlo. Tomar conciencia y responsabilidad por la parte que te correspondió en el deterioro de la relación te ayudará a sentirte menos "víctima" y aceptar tu situación en busca de puertas constructivas de salida.

Los *terminadores* sienten menos culpa cuando el *terminado* expresa su enojo. Y los *terminados* sienten menos depresión mediante la oportuna expresión del enojo. Hay algunas depresiones que con claridad son un cúmulo de rabia reprimida; aprender a manifestarla de manera adecuada remediará esa terrible sensación.

No siempre es posible encontrar un atajo para atravesar este proceso: el *terminador* necesita experimentar por un tiempo el sentimiento de culpa y el *terminado* requiere sentirse rechazado y deprimido por un rato también.

Otra área de oportunidad tras la separación es repensar la tan común conclusión de que "el amor significa sufrimiento". ¡Bienvenido a la realidad! Sí, el amor implica una dosis de sufrimiento inevitable: si no estás dispuesto a pagar un cierto costo amoroso cuando haces vida de pareja, no "juegues al amor", ni te enamores, ni hagas vida en común...

Esto no significa que tomes a la ligera la elección de un compañero de vida: vale la pena considerar muchos aspectos antes de entablar una relación. Sin duda es necesario ser precavido y asertivo, pero entre esta previsión y evitar del todo el sufrimiento para no correr ningún riesgo existe una gran diferencia. Usa tu inteligencia en concordancia con tus deseos y asume riesgos medidos. Recuerda: "amar es sufrir...", pero no sucumbir, claudicar ni desertar.

Las primeras relaciones después de un rompimiento amoroso deben tener otro cometido al de encontrar "tu verdadero amor": han de ser encuentros que te ayuden a recuperar la confianza, que te faciliten sanar la herida anterior, que te permitan reconectarte contigo y con tu entorno. No pretendas lograr relaciones en extremo duraderas y comprometidas al primer intento. Casi te sugerimos que, antes de emprender una aventura amorosa, consideres la posibilidad de depositar tu confianza en tus amigos para luego hacerlo en tus amantes. Una amistad es un primer paso excelente para recuperar la confianza.

Sin duda, el tema de la valía personal y de la propia historia te impulsará a elegir un determinado tipo de pareja: si eres inseguro querrás poseer al otro; si te sientes insuficiente pretenderás encontrar a alguien de quien colgarte; si tu estilo es controlar, irás tras alguien "dominable". Según tus carencias buscarás a la persona que sientas que te puede completar. De ahí la necesidad de trabajar en ti mismo para crear relaciones más abundantes y maduras y, como dijimos con anterioridad, no repetir patrones del pasado.

Iniciar una relación requiere estar más seguro de ti mismo, menos defensivo, menos vulnerable. Otro fracaso prematuro activará tu desconfianza y hará realidad la profecía autocumplidora de que "eres un fracasado en el amor". Si aún te sientes frágil, date tiempo y fortalécete, ya que tras un rompimiento amoroso primero que nada necesitas volver a confiar.

PregúntaTE	**PregúntaLE**
¿Soy consciente del tipo de relaciones que tiendo a construir?	¿Crees que alguien fue más culpable en tu rompimiento amoroso?
¿Asumo responsabilidad de mi parte en el pasado rompimiento amoroso?	¿Te falta algo por hacer para sentirte en paz de tu pasada separación?
¿He superado la culpa o el resentimiento de mi separación?	¿Qué situaciones te parecen intolerables en una relación amorosa?

Para lidiar con la culpa

- Descubrir y entender la dinámica que se dio en tu relación pasada y la parte que jugaste en ella te hará sentir más preparado para asumir la responsabilidad que te corresponde, reparar lo que de ti dependa y evitar en el futuro repetir viejos patrones en el momento de hacer una nueva elección.
- No se trata de remover heridas que ya están sanando, sino de asumir la responsabilidad que te toca y deshacerte de las cargas que no te sirven.
- Si tras una honesta reflexión reconoces que sí transgrediste una norma o un principio ético, ya sea por descuido, comodidad o negligencia, tu culpa es sana y oportuna y aún puedes pedir disculpas y reparar el daño realizado en la medida de lo posible.

- Si simplemente rompiste promesas incumplibles o desafiaste prejuicios y creencias ancestrales que nada tienen que ver con el presente que vives, necesitas entender y acomodar tu decisión para estar en paz.

Clave 8

Revisa que sea un buen ex...

Lo puede volver a ser, ¿eh?

Antes de poner en duda el buen juicio de tu mujer,
fíjate con quién se ha casado ella.

Proverbio egipcio

- ¿Eres un buen ex? Tal vez no quisieras ser tratado como tú tratas a tu ex pareja.
- Darte cuenta de lo que falta por trabajar en ti es caminar para convertirte en una mejor persona y en un buen candidato para una futura pareja.
- Si tu futura pareja habla "horrores" de su ex y no tiene nada que honrar de sus relaciones pasadas, cuidado: es probable que haya aprendido poco de lo vivido.

Sin duda son muchos los puntos en que necesitas estar atento para una buena elección de pareja; por tus características personales o tu historia de vida, algunos te serán más significativos que otros. En esta clave hablaremos de la utilidad de constatar que tu prospecto sea un buen ex. Quizá te dices: "Su anterior relación ya forma parte del pasado, ¿para qué saber si es un buen ex?" La primera respuesta, y la más obvia, es porque resulta probable que te conviertas en su próximo ex. No queremos trivializar la relación de pareja ni afirmar que es imposible sostener una nueva relación en el tiempo —todos, de una u otra manera, deseamos encontrar un amor que sostengamos a lo largo de la vida—, pero sin duda, en el mundo que vivimos, y más en las relaciones de "segunda vuelta", las probabilidades de una relación de menor duración aumentan.

Mencionamos en la introducción que uno de los grandes cambios en las relaciones de pareja son los divorcios y las separaciones. Antiguamente las parejas eran "hasta que la muerte nos separe", y en general terminaban cuando alguno de los cónyuges moría. Hoy casi la mitad de las parejas en México se separan o divorcian. Es interesante reconocer que hasta hace tres generaciones los matrimonios duraban más o menos lo mismo que ahora —entre diez y veinte años en promedio—. La diferencia es que antes el compromiso conyugal cesaba por la muerte de alguno de los esposos y ahora es por el rompimiento amoroso de la relación.

La excepción a la regla es la generación de personas que hoy tiene entre setenta y noventa años de edad: cuando vemos parejas de esa generación, nos sorprende constatar que llevan más de cincuenta y cinco años juntos. Es difícil que se vuelvan a dar las condiciones de larga vida física así como de relaciones de extensa duración. Si conversas con estos "veteranos matrimoniales" constatarás que en su mundo de posibilidades no existió la opción de divorciarse, tanto por razones prácticas como ideológicas.

De una un otra manera, y por duro que suene, el fin último de toda pareja es la separación: ya sea por la muerte o porque alguno de los miembros decida que ya no quiere seguir en la relación. Esto aplica desde los noviazgos entre adolescentes hasta los matrimonios de más de cincuenta años de casados. Esa realidad aumenta la probabilidad de que todos lleguemos a ser el ex de alguien y, por tanto, la futura pareja de otra persona.

¿Eres tú un buen ex? Si te detienes a reflexionar esta pregunta tal vez descubras, en tu fuero interno, que no quisieras ser tratado como tratas a tu ex pareja. Darte cuenta de esto es constatar que aún tienes mucho trabajo por hacer para convertirte en una mejor persona y también en un buen candidato para una futura pareja.

Pero ¿en qué consiste ser un buen ex? Un buen ex es alguien que honra sus relaciones pasadas porque sabe que se ha construido como persona y como pareja gracias a todas las experiencias amorosas y sexuales por las que ha atravesado a lo largo de su vida. Un buen ex sabe también que si muchas de estas relaciones no fueron suficientemente buenas, cuando menos todas tuvieron, al inicio de las mismas, momentos de alegría y placer. Reconoce que con frecuencia las relaciones se deterioran y algunas terminan mal, sea por las razones que sean: una mala elección, incompatibilidad de caracteres, porque se acabó el amor... Sin embargo, acepta que si la relación no fue un éxito no fue por culpa de uno solo, sino por un sinfín de factores. Por ejemplo, elegir desde un "bache" emocional te lleva a emparejarte con alguien que probablemente estaba en tu mismo nivel afectivo, o elegir en momentos de crisis puede llevarte a tomar decisiones parciales y de "supervivencia"; al final de cuentas, si vemos la elección de pareja como un juego de barajas siempre elegimos a alguien de acuerdo con las cartas que en ese momento de la vida tengamos en nuestro poder. La vida consiste en adquirir mejores cartas y mejorar nuestro juego siempre desde el trabajo personal.

Podríamos sintetizar al afirmar que un buen ex se hace responsable de las acciones que tomó, tanto las que beneficiaron como las que perjudicaron la relación. Un buen ex no culpa de todo a la otra persona: acepta que los dos cometieron errores, reconoce las áreas rescatables de cada una de sus relaciones previas y honra los momentos vividos con otras personas a lo largo del tiempo que el amor duró. Es fiel a esa historia a sabiendas de que hoy es quien es, sabe lo que sabe y ve lo que ve gracias, en parte, a esa etapa de su vida.

Si tu futuro novio o novia habla "horrores" de su pareja anterior y no tiene nada que honrar ni nada positivo que decir de sus relaciones pasadas, ¡cuidado!, porque probablemente aprendió poco de lo vivido. Aun en las relaciones más lastimosas hay mejores formas de expresarse del otro y de aceptar cierta responsabilidad en el deterioro de la interacción. Quien no conoce esta manera de cerrar una relación, por enojado y frustrado que se sienta, difícilmente vivirá distinto lo que construya contigo en un futuro encuentro.

Si bien es importante honrar tu relación pasada y expresarte bien de tu ex, es esencial que no confundas esto con el amor vivo de una relación en curso. Valdría la pena que evalúes si ya lograste cerrar y dejar ir a tu anterior pareja, tanto en lo emocional y lo físico como en lo económico y lo sexual. ¿Cómo saber si has logrado esta misión con éxito? Si la relación con tu ex no ha terminado y sigues atado a él o ella, aparecen algunos de estos síntomas, entre otros:

- Sigues enamorado y pensando de manera romántica en él o ella.
- Estás muy encariñado.
- Le consultas muchas cosas.
- Recurres a él o ella con mayor frecuencia de la indispensable.
- Hablas mucho de él o ella.
- Hacen muchas actividades juntos y a solas.
- Tienes relaciones sexuales con él o ella.
- Bromean de temas sexuales entre ustedes.
- Se lanzan miradas furtivas.
- Estás celoso de sus amigos o novios.
- Trata de seducirte.
- El enojo los mantiene unidos.
- Del odio al amor no hay más que un paso.

La presencia de varias de estas conductas es un indicativo de que te falta trabajar tu separación. Si no lo haces entorpecerás tu camino y el de tu ex hacia la conquista de una nueva y buena vida para los dos. Un buen ex tiene la capacidad de sentir cariño y respeto hacia la persona con quien compartió un trayecto de vida, sin que eso signifique vincularse desde el plano amoroso y sexual. Un buen ex puede reconocer lo que aprendió en esa relación y sabe que es una mejor persona gracias a lo vivido: esto lo habilita para elegir y decidir mejor en la siguiente oportunidad. Un buen ex también cumple con la ley y respeta los acuerdos del convenio de divorcio; no se aprovecha del otro en ninguna circunstancia, aun si tiene el deseo y la posibilidad de hacerlo.

Toca ahora destacar el tema de los hijos. Quizás una buena carta de presentación para futuras relaciones sea el hecho de que el futuro candidato comparta con su ex la crianza de los niños. Cuando hablamos de crianza compartida nos referimos a aquel equipo de ex cónyuges que divide el trabajo y las responsabilidades con los hijos en partes iguales y no es sólo padre o madre cada quince días para salir del paso y comprarles alguna cosita que necesiten.

Quienes abandonan a los hijos o prohíben verlos a su ex sin razones de auténtico peso son un mal augurio para una nueva relación. Por el contrario, un ex que sortea las dificultades de la separación, por arduas que sean, y antepone a sus enojos y frustraciones la salud física y emocional de sus hijos, muestra una calidad humana particular. Las relaciones amorosas pueden terminar, pero si hay hijos se es padre o madre con el ex "hasta que la muerte los separe".

Esta reflexión tal vez te lleve a pensar: "Qué bien que mi novio sea un buen padre, pero está tan involucrado con sus hijos que ¿dónde quedaré yo?" La respuesta es sencilla pero dura: él tiene una responsabilidad impostergable que cumplir, pero si la hace con eficiencia y creatividad manejará bien tanto su relación de padre como la de pareja contigo. Si eres de los que piensa: "Si se desentendiera de su pasado se dedicaría en cuerpo y alma a mí", es probable que tengas razón en términos de tiempo y dinero, pero no necesariamente en cuanto a calidad de la relación. ¿Te has preguntado qué pasaría contigo o con los hijos que lleguen si la relación termina? Muy probablemente pasarás tan sólo al "cajón de los recuerdos".

¡Detecta estas situaciones, las cuales constituyen focos rojos! Éstas son algunas de las frases e ideas más comunes que encontramos en un mal ex:

1. Habla mal de su ex pareja.
2. Está peleado a muerte con ésta.
3. No soporta a la familia de su ex.
4. Cuando está con sus hijos habla mal de su ex.

5. Se burla o trata despreciativamente a su ex.
6. Se la vive en pleitos legales con la ex.
7. No habla con su ex.
8. No ve a sus hijos o los ve muy poco.
9. No pasa dinero a sus hijos.
10. Manipula a sus hijos con el dinero.
11. Dice con resentimiento y rabia que fue un gran error haberse casado con la otra persona.
12. Comenta que la otra persona no era así al principio.
13. No reconoce sus errores ni su responsabilidad en la ruptura de la relación.
14. Pone a todo mundo en contra de su ex.

Quien se maneja de esta manera te está dando muestras claras de que sigue siendo inmaduro, soberbio e irresponsable. Inmaduro porque no reconoce su responsabilidad; soberbio porque piensa que él está bien y todos los demás son los que viven en el error, e irresponsable porque no asume los compromisos que contrajo con anterioridad.

Quizá tu anhelo de crear una nueva relación, o bien tu deseo de que "contigo sea diferente", te lleven a decir: "Qué más da si es un mal individuo mientras conmigo sea encantador". Como dice el refrán: "Cuando veas las barbas de tu vecino cortar, pon las tuyas a remojar". Una persona conflictiva y poco responsable, aunque hoy se vea diferente, difícilmente cambiará. Entonces deberás cuestionarte si a pesar de la duda decides enrolarte con alguien así, y peor aún, con alguien que a ti te tocará "más toreado", con menos dinero y mayor resentimiento por el hecho de haber vuelto a fallar.

Hasta aquí hemos planteado muchas conductas a observar en un candidato a pareja futura. Otra manera de conocerlo es mediante preguntas directas que te ayuden a saber cuál es su postura ante estos temas y qué puedes esperar, ya sea que perdure o termine tu nueva relación. Conocer sus respuestas y observar el tono en que se expresa te dará un mapa bastante confiable del tipo de pareja que puede ser y de lo que ocurriría en caso de que la relación llegue a su punto final. Por todo lo anterior, de nuevo, "más vale prevenir que lamentar".

PregúntaTE	**PregúntaLE**
¿Eres un buen ex?	¿La relación con tu ex durante la separación fue muy aguerrida?
¿Cómo te expresas de tu ex?	¿Hoy cómo te llevas con tu ex?
¿Sigues enganchado con tu ex?	¿Te gustaría que tu ex fuera contigo como tú con él o ella?

¿En qué consiste ser un buen ex?

- Honrar las relaciones pasadas porque sabes que te has construido como persona y como pareja gracias a todas esas experiencias amorosas.
- Saber que si muchas de estas relaciones no fueron suficientemente buenas, todas tuvieron momentos de alegría y placer.
- Reconocer que con frecuencia las relaciones se deterioran y algunas terminan mal, sea por las razones que sea.
- Aceptar que si la relación no fue un éxito, no se debió a la culpa de uno solo, sino a un sinfín de factores.
- Al final de cuentas, mira la elección de pareja como un juego de barajas: siempre elegimos a alguien de acuerdo con las cartas que tengamos en ese momento de la vida. La vida se trata de adquirir mejores cartas y de mejorar nuestro juego, siempre desde el trabajo personal.

Clave 9

Con esto sí, con esto no

De defectitos a defectotes...

> Me decepcionó la naturaleza humana en cuanto descubrí que se parecía mucho a la mía.
>
> DONLEAVY

> Cuando el objetivo te parezca difícil no cambies de objetivo; busca un nuevo camino para llegar a él.
>
> CONFUCIO

- Hacer pareja implica, además de esperar del otro, tener mucho que ofrecer.
- El secreto no es encontrar a alguien sin problemas ni defectos, sino distinguir con qué asuntos puedes convivir y con cuáles no estás dispuesto a hacerlo.
- La riqueza de las segundas o terceras vueltas consiste en la capacidad de elegir mejor para generar una relación más madura y adaptada a la persona que eres hoy.

Nadie es perfecto. Desearlo es una fantasía más o menos entendible, pero pretenderlo en la realidad no sólo es imposible, sino que genera frustraciones constantes y conflictos permanentes. Puesto en la elección de pareja, este ideal de perfección te llevaría a transitar un camino interminable hacia el encuentro con tu "media naranja", la cual debería completarte y hacerte feliz.

Todos tenemos derecho a una vida satisfactoria, y la pareja puede contribuir a este anhelo. Sin embargo, sería un error esperar que un compañero amoroso reúna todas las cualidades que deseas y "necesitas" para ser feliz. Por el contrario, hacer pareja implica, además de esperar del otro, contar con mucho que ofrecer: ser atractivo, deseable, de manera que el brillo de tus características y tu actitud ante la vida generen en el otro interés y deseo de acercarse a ti. ¿Habías considerado esta perspectiva en tu búsqueda de pareja? ¿Estás comprometido con tu crecimiento personal de manera que resultes un buen partido para personas que también tienen mucho que ofrecer?

Esto no significa que dejes de ser selectivo y te líes a las primeras de cambio con aquel que muestra interés por ti. Ojo: si cedes y concedes ante el primer postor es señal de que estás muy vulnerable y necesitas conocerte y fortalecerte antes de involucrarte con alguien.

Lo más probable es que, dadas tus experiencias anteriores de desencanto o fracaso, te interese elegir a alguien con quien no repitas patrones y errores pasados. Alcanzar una mayor comprensión sobre el tipo de pareja que deseas en esta etapa de tu vida no se da por arte de magia. Hoy podrás hacer una mejor elección siempre y cuando integres lo vivido en el pasado y reflexiones y clarifiques a dónde te quieres dirigir. Es importante que hagas distinciones y clarifiques:

- Qué te gusta de un compañero.
- Qué caminos no quieres transitar de nuevo.
- Qué costos estás dispuesto a pagar.
- Qué riesgos de ninguna manera deseas correr.

Como ves, el planteamiento que te hacemos no habla de encontrar a la persona perfecta, sino de escoger a alguien "real", con limitaciones como todos, pero con las características que requieres hoy en tu vida. Este planteamiento realista es la única manera de valorar en el otro lo que sí puede ofrecerte y de esta manera compensar los defectos que de seguro tendrá, defectos que aceptarás mejor si son manejables para ti.

Los problemas y las diferencias son inevitables en las relaciones humanas en general, y en la vida de pareja en particular. Si no quieres problemas, ¡no te relaciones!, pero entonces asume que el aislamiento elegido te generará otro tipo de desazones. Elegir una pareja es escoger una serie de problemas inevitables; por eso tu elección ha de considerar esta preguntas: ¿cuáles son los problemas que consideras enfrentar?, ¿cuáles serían los asuntos que te desbordarían al grado de llevar a un fracaso rotundo tu nueva relación?

Dada tu historia, tu temperamento, tu proyecto de vida, hay situaciones y personas que pueden embonar mejor contigo que otras. Si bien el colectivo de gente con quien podrías construir una relación es inmenso, con algunos será más factible lograr un mayor grado de satisfacción, lo cual no significa que todo encuentro genere siempre una dosis manejable de retos y desafíos.

De seguro, al ver a amigos o familiares lidiando con ciertos problemas de pareja, te dices: "Yo con eso no puedo". ¿Se trata de alcoholismo?, ¿falta de dinero?, ¿enfermedades crónicas?, ¿impuntualidad? Sin duda reconoces qué asuntos te generan malestar pero puedes sortear y en qué otros ni siquiera desearías tener que ver con ellos.

John Gottman, investigador estadounidense, dio seguimiento por décadas a una infinidad de parejas en el transcurso de su relación amorosa. Su estudio dedujo que todas ellas tuvieron dos tipos de problemas a lo largo de su convivencia: problemas solubles y problemas irresolubles. Los problemas solubles son aquellos que bien manejados se resuelven y se terminan. Los problemas irresolubles se relacionan con asuntos esenciales en la vida de uno o de los dos miembros de la pareja: son dificultades que tienen que ver con sueños y deseos profundos de las personas, probablemente gestados desde la infancia, y por eso acompañarán su convivencia todo el tiempo que dure la relación. Los problemas irresolubles son como una enfermedad crónica que persiste a lo largo de los años, pero que se puede aprender a manejar mejor para que no siempre sea un punto de conflicto en la vida de la pareja. Como toda enfermedad crónica, a veces será muy intensa y generará crisis; en ocasiones se "olvidará" dado que no muestra síntomas plausibles, y en otros momentos incluso llegará a ser motivo de bromas debido a la maestría con que se le ha aprendido a enfrentar.

Éste sería el caso de una pareja en que uno de sus miembros es muy impuntual y el otro no, o bien cuando alguno de los dos es muy ordenado y al otro le gusta vivir con un desorden particular. Incluso el tema del manejo del dinero y del cuidado de una mascota pueden ser problemas irresolubles en una relación.

En la base de los problemas irresolubles hay asuntos al parecer triviales, incomprensibles para alguno de los miembros de la pareja, los cuales pueden tener su origen en valores personales profundos que la persona defiende "a capa y espada". Por ejemplo, si en mi infancia mi padre fue en exceso avaro y el tema de gastar dinero generó siempre manipulación, dolor y conflicto en mi familia, para mí la abundancia puede ser un valor fundamental que me haga mostrarme espléndido en el manejo del dinero y quizás incluso algo derrochador. Es difícil que renuncie a este valor, dado que toca fibras muy profundas en mí, pero si es causa de conflicto en una relación lo negociaré y llegaré a acuerdos que me hagan sentir cómodo sin ser despilfarrador.

Como este ejemplo podríamos poner muchos más en relación con diversos temas que generan malestares permanentes en la vida de una pareja. Lo central es saber que son asuntos que siempre existirán y que se puede aprender a manejarlos de tal manera que no se conviertan en monstruos inmanejables. Todos traemos una historia de vida y con ella traumas y deseos: el secreto no consiste, por tanto, en encontrar a alguien sin problemas ni defectos, sino en distinguir con qué asuntos puedes convivir y con cuáles no estás dispuesto a hacerlo, también por tu propia historia y necesidades.

En términos generales, y citando a Antoni Bolinches, podemos decir que el acoplamiento sexual, la compatibilidad de caracteres, una escala de valores similar y un proyecto de vida que sintoniza son factores que pueden propiciar un buen funcionamiento de la pareja. Cuando estos cuatro factores marchan bien en una relación, es más fácil afrontar los problemas inevitables de una convivencia duradera. De ahí la importancia de enfocarse en estos aspectos antes de elegir pareja y, una vez en la relación, tenerlos presentes y darte a la tarea de reconocerlos y velar por ellos.

En el territorio del amor es común considerar que "los opuestos se atraen". Por el contrario, nosotros pensamos que la gente que se engancha amorosamente se encuentra en un nivel de conciencia y de conflictividad similar. Por eso no dejamos de insistir en que trabajes en ti, pues al ser una mejor persona atraerás a tu vida mejores candidatos a los cuales enamorar. Sin duda cada experiencia de pareja es también un reto que te abre la posibilidad de desafiar asuntos personales de los que tal vez no te habías dado a la tarea de reconocer y solucionar. A la pareja se le elige en buena medida de manera consciente, pero el inconsciente existe y con él un cúmulo de experiencias y necesidades que nos llevan a elegir desde ese lugar.

Ahora bien, en la convivencia amorosa hay de discrepancias y limitaciones inevitables a situaciones de alta peligrosidad. Más allá de las dificultades que por necesidad conlleva toda relación amorosa, es importante que distingas asuntos que difícilmente se deben elegir y aceptar por su alto grado de riesgo y complejidad. Los mencionaremos en esta clave, si bien cada uno de ellos no sólo es tema de extensas bibliografías, sino de un espacio de este libro en particular.

Quizá ya has tenido problemas inmanejables en relaciones anteriores, como celos, violencia, adicciones o ciertos trastornos de personalidad. Si no has transitado por estas experiencias conflictivas, de seguro cerca de ti alguien las ha vivido y sabes lo difíciles que son de sortear.

La riqueza de las segundas o terceras vueltas en las relaciones amorosas consiste en la capacidad de elegir mejor para generar una relación más madura y adaptada a la persona que eres hoy. Entrar en una relación que desde el principio da muestras de que "algo no está muy bien" con la creencia de "yo lo voy a cambiar" es la antesala del fracaso.

Por ejemplo, los celos. Una cosa es la incertidumbre amorosa inevitable que me hará mantenerme atento a mi propia mejora y al trabajo de mi relación, y otra son las conductas posesivas, invasivas, persecutorias y suspicaces permanentes, basadas en una inseguridad continua y en un extremo temor a la pérdida de la relación. Las relaciones celosas, que al principio pueden hacerte sentir "cuánto le importo", son la antesala del hostigamiento, la desconfianza y en muchos casos de una violencia atroz.

Sí hay personalidades que se predisponen a los celos: ¡detéctalas! Estas personas se muestran perfeccionistas, muy ansiosas, sobreexigentes, rígidas y muy moralistas en aras de la "bondad" y la "verdad". Los celos son un camino de tortura y desgaste en una relación.

¡Qué decir de las adicciones! Desde el abuso de todo tipo de drogas hasta la adicción al juego, el sexo, la tecnología y el alcohol. Las adicciones hablan de una ansiedad desbordante, que no se ha manejado en forma adecuada y "suavizada" por medio de una conducta dependiente que no sólo dificulta la vida cotidiana, sino la formación de vínculos amorosos sanos y de larga duración.

Otro asunto complicado de manejar son los trastornos de personalidad, ¡tantos y tan variados!, a veces disimulados tras un maquillaje de "amor intenso" que quiere y odia "sin ton ni son", o de un amor desconfiado que todo lo requiere supervisar. También se pueden encontrar señales de amores egocéntricos centrados sólo en los propios logros y deseos o bien amores enfermizamente transgresores que llevan a tocar el límite del riesgo y la peligrosidad. Sí, personas con severos trastornos limítrofes, paranoicos, narcisistas, sociópatas, que rebasan las limitaciones de carácter propias de toda estructura de personalidad y rayan en el desequilibrio y la enfermedad. Todos y cada uno de estos trastornos psiquiátricos son tremendamente limitantes y lastimosos. Más adelante los precisaremos.

¡Y qué decir de la violencia! En ésta no sólo se mezclan temas culturales y diferencias de género, más o menos moldeables y manejables, sino también rasgos de carácter que no facilitan su manejo. Y aquí no nos referimos nada más a la violencia física, sino incluso a las agresiones verbales, la violencia económica, los abusos psicológicos y la violencia sexual. De la violencia también hablaremos con mayor profundidad en una clave posterior, dado los efectos que genera en las personas, la familia y su relación.

Como verás, cada uno de estos asuntos inmanejables originan infinidad de estudios y compendios bibliográficos. Si intuyes o sientes que algo va más allá de las dificultades normales de una relación, busca de inmediato las claves de este libro que abordan estos temas, pero también pide una consulta, asesórate y detente antes de entablar una relación.

Como dijimos al iniciar estas líneas: no existe la perfección, por lo que no hay que confundir la armonía amorosa con la ausencia de conflicto en una relación. Es imposible evitar algunos desacuerdos que lleven a la confrontación, pero de eso a "meterse en la boca del lobo" hay una clara distinción. Como decía un antiguo anuncio de televisión: "¡Mucho ojo!"

PregúntaTE	**PregúntaLE**
¿Sigues pensando que aún puedes encontrar a un "príncipe azul"?	¿Crees que el verdadero amor no tiene problemas?
¿Reconoces lo que hay en la base de los problemas de pareja crónicos que más sufrimiento te han generado?	¿Qué asuntos de pareja te generan más estrés?
¿Por qué te consideras un buen partido?	¿Cuáles son los peores líos en que te has metido en la vida? ¿Los resolviste? ¿Cómo?

Revisa que sean compatibles

Éstos son los factores que propician un buen funcionamiento de la pareja. Cuando marchan bien en una relación es más fácil afrontar los problemas inevitables de una convivencia duradera. De ahí la importancia de enfocarse en ellos:

1. El acoplamiento sexual.
2. La compatibilidad de caracteres.
3. Tener una escala de valores similar.
4. Contar con un proyecto de vida que sintonice.

¡Trabaja en ti mismo! Al ser una mejor persona atraerás a tu vida a mejores candidatos para enamorar.

Clave 10

Ma, me, mi, conmigo…

¿Sí me quiero?

Existe una evidencia muy grande de que mientras mayor sea nuestra autoestima trataremos mejor a los demás.

NATHANIEL BRANDEN

La persona más influenciable con la que hablarás todo el día eres tú. Ten cuidado entonces acerca de lo que te dices a ti mismo.

ZIG ZIGLAR

- Si quieres un "príncipe azul" o "princesa roja" deberás prepararte para serlo tú también; de lo contrario, sólo encontrarás "sapos y ranas" a lo largo del camino.
- Quien se mejora a sí mismo gana autoestima, la autoestima da seguridad y la seguridad da autoconfianza, lo cual es indispensable para madurar.
- Convertirte en alguien maduro e interesante te facilita la selección de una mejor pareja y te garantiza mayores posibilidades de una relación sana y satisfactoria.

Al elegir pareja, ¡qué importante es encontrar a alguien que se quiera y lo quieran! Es decir, que cuente con un buen concepto de quién es, que sepa qué quiere en la vida, que reconozca que otras personas lo aprecian y lo quieren y que distinga de qué forma da y recibe amor. En pocas palabras, buscamos a alguien que se sienta cómodo con quien es y con el camino que transita; a alguien que sepa dónde está parado y a dónde se dirige. Todo esto nos habla de una buena autoestima.

Para encontrar a alguien así será necesario que contemos con el mismo nivel de desarrollo: insistimos, como en la clave anterior, que a diferencia de lo que se piensa, los opuestos no se atraen, sino que son los iguales los que se buscan y se encuentran. Las personas nos relacionamos con otras que poseen una autoestima similar a la nuestra, así que si quieres un "príncipe azul" deberás prepararte para ser "una princesa roja" y viceversa; de lo contrario sólo encontrarás sapos y ranas a lo largo del camino.

¿Eres de los que piensan que no hay hombres o mujeres que valgan la pena? Si así lo consideras será importante que te autoevalúes para ver dónde estás parado en la escala de "los que sí valen la pena". Esta clave te ayudará a valorarte y a evaluar a tu posible candidato a pareja, por lo que es muy importante que al leerlo tomes posición: por un lado como el evaluado, y por el otro como la persona a evaluar.

Con frecuencia pensamos que si amamos a alguien, esa persona nos debe corresponder; esto le da cierta coherencia a nuestra vida, ya que sentimos que queremos y nos quieren. Pensamos también que si alguien nos quiere es porque hay cosas valiosas en nosotros y, por tanto, "somos alguien"; eso nos da seguridad. Para terminar esta secuencia, nos decimos: "Si amo y me aman, nuestro amor permanecerá así". Esta sensación nos da certidumbre. Como verás, la identidad que construimos como personas adultas tiene mucho que ver con las relaciones que formamos y en especial con nuestros vínculos románticos; por eso los rompimientos amorosos resultan tan devastadores para la propia identidad.

Sin embargo, poseer un claro sentido de identidad incluye otros aspectos, además de la relación con la pareja. Es importante trabajar en él, pues te aporta autonomía, deseo de vivir y la capacidad de generar relaciones significativas sin perderte en las demandas del otro. Una identidad construida con solidez te permitirá pensar, crear y concretar anhelos, además de erigirte como el arquitecto de tu propio destino. No te acercarás a los demás por la pura necesidad de que confirmen tu imagen, sino que verás en ellos a otros acompañantes de tu crecimiento. Es momento de revisar los factores que influyen en la construcción del concepto que tienes de ti mismo.

Naciste con una carga genética que te hace proclive a actuar de cierta manera. Esta herencia te predispone a determinados atributos personales; por su parte, el medio también ha propiciado que desarrolles diversos rasgos, algunos de los cuales te facilitan un buen *autoconcepto* y otros que te dificultan la tarea. Quizás al leer esto pienses: "Pues yo salí más perjudicado que beneficiado". ¡Pues ni creas que esta afirmación te salva de un trabajo personal! Independientemente de la genética que heredaste y del condicionamiento social que recibiste, los atributos personales siempre pueden ser desarrollados por ti gracias a tu conciencia y a tu voluntad.

Si bien los rasgos físicos son poco modificables, los atributos personales se ubican en el territorio de lo psicológico y de lo social; por eso puedes aprenderlos, practicarlos y adoptarlos. La inteligencia, la simpatía, la sensibilidad, la confiabilidad e incluso actitudes y destrezas tales como la empatía, la amabilidad y la sinceridad pueden ser integradas, aprendidas y modificadas. La personalidad se basa en el *autoconcepto,* y si bien no puedes modificarla al 100%, siempre tendrás la capacidad de mejorarla a voluntad.

Tú eres el responsable de la construcción de un *autoconcepto* sano mediante el desarrollo de tus cualidades y la moderación de tus defectos; insistimos en que estos rasgos poseen un buen margen de cambio si ejercitas tu voluntad. Ahora bien, una cosa es generar tu propia transformación y otra cambiar al otro a tu deseo: no puedes hacer que tu candidato a pareja cambie si no está interesado en hacerlo.

¿Cuál es la relación entre el *autoconcepto* y la *autoestima*? El *autoconcepto* incluye la *autoestima* y abarca otros elementos que ya hemos mencionado. La *autoestima* se relaciona más con dos características importantes: *a)* la sensación de sentirte capaz o competente y *b)* la certeza de sentirte digno o merecedor de ser querido y respetado.

La *autoestima* se empieza a forjar en la primera infancia como consecuencia de los cuidados, miradas, cariño y caricias recibidos de nuestros cuidadores primarios, los cuales por lo general son nuestros padres. Si no te sentiste muy querido en tus primeros años de vida, puedes crecer dudando si eres digno de amor.

Otro elemento que compone la *autoestima* es el sentimiento de valor personal: éste significa saberte digno, respetable y con la convicción de que vales como ser humano. El sentimiento de valor personal te permite apreciarte como alguien merecedor de amor y felicidad y, por tanto, actuar para satisfacer tus necesidades, respetar tus deseos, reconocer y expresar tus sentimientos y defender tus principios. Sentirte merecedor te permite gozar del logro de tus esfuerzos, cuidarte y cuidar a los demás, al mismo tiempo que te haces respetar por ellos sin controlarlos ni manipularlos.

La experiencia de *autovalía* posibilita relaciones equilibradas en las que no se teme el encuentro —temor que en casos extremos llega al aislamiento—, pero tampoco generar una necesidad enfermiza de estar cerca de los demás. Quien se mejora a sí mismo gana *autoestima*, la *autoestima* da seguridad y la seguridad da *autoconfianza*, lo cual es indispensable para salir crecido en el transcurso de tu vida.

Para crecer como persona es importante traer a la conciencia estos temas día tras día. Convertirte en alguien maduro e interesante te facilita la selección de una mejor pareja: si bien madurar hace más selectivas tus posibilidades de emparejarte, ya que buscarás a personas que se encuentren comprometidas con su crecimiento, también te garantiza mayores posibilidades de una relación sana y satisfactoria.

A continuación te presentamos una tabla para que te evalúes y evalúes al prospecto de pareja en relación con el *autoconcepto* negativo y positivo:

Autoconcepto positivo	*Autoconcepto negativo*
1. Usa su intuición y percepción.	1. Se basa en sus prejuicios.
2. Es libre, nadie lo amenaza ni amenaza.	2. Se siente amenazado y amenaza a los demás.
3. Aprende y se actualiza.	3. Piensa que sólo él tiene la verdad y no aprende de los otros.
4. Tiene agencia personal y dirige su vida a donde quiere.	4. Su vida va en la dirección de lo que quieren los otros, sintiéndose enojado y frustrado.
5. Acepta y se adapta al cambio, a nuevos valores, y de ser necesario cambia de rumbo.	5. Es rígido en sus valores y busca el *statu quo*.
6. Se siente cómodo al relacionarse con el otro sexo y lo hace de forma sincera y respetuosa de las diferencias.	6. Tiene problemas al relacionarse con el otro sexo; sus formas son de poder, posesión, destructivas, superficiales y efímeras.
7. Se siente bien con su sexo y género.	7. No acepta su sexo y reniega de él.
8. Se gusta, se cae bien y los demás lo notan.	8. En general la gente le cae mal y en el fondo tampoco le gusta cómo es.
9. Le gusta lo que hace: trabajo, estudio, etcétera; siempre busca hacerlo mejor.	9. Se queja de su trabajo o estudio, se aburre y no intenta mejorar.
10. Tiene confianza en él y en los demás	10. No confía en él ni en los demás.
11. En general toma sus propias decisiones y asume los resultados con responsabilidad.	11. Se deja influir con facilidad al no tomar decisiones y culpar a los demás cuando algo sale mal.
12. Expresa, conoce y respeta lo que siente y es empático con lo que siente el otro.	12. Sufre analfabetismo emocional al no reconocer lo que siente, por lo que reprime o ignora sus sentimientos.

Autoconcepto positivo	*Autoconcepto negativo*
13. Sabe que es único y percibe a los demás como únicos y diferentes.	13. Siente que es una copia y no acepta que los demás sean diferentes.
14. Comete errores, los acepta y aprende de ellos.	14. No acepta sus errores ni aprende de ellos.
15. Maneja su ira y hostilidad cuidando de no lastimarse ni de lastimar a los otros.	15. Maneja su ira de manera destructiva, y lastima a los otros en los ámbitos físico o emocional.
16. Se autoevalúa y no emite juicios.	16. No autorreflexiona; busca la aprobación y emite juicios.
17. Es responsable, lo cual le ayuda a crecer y a sentirse bien con él mismo.	17. No asume su responsabilidad y vive justificándose.

¡Estás listo para evaluarte y valorar a los demás! No uses esta herramienta como medio de juicio y discriminación, sino como un recurso importante para construir tu vida personal y de pareja.

PregúntaTE	**PregúntaLE**
¿Te agrada la persona que eres?	Cuando inviertes tiempo en ti, ¿en qué consiste?
¿Cuánto tiempo le dedicas a trabajar en tu autoconcepto?	¿Qué te gusta de ti y por qué te aprecia la gente?
¿Qué características tuyas son las que te han sacado a flote en la vida?	¿Te gusta leer, consultar, tomar talleres para mejorar?

Sé un prospecto más atractivo

- La personalidad se basa en el autoconcepto, y si bien no puedes modificarla al 100%, siempre tendrás la capacidad de mejorarla.
- La inteligencia, la simpatía, la sensibilidad, la confiabilidad, la empatía, la amabilidad y la sinceridad pueden ser aprendidas y modificadas.
- Construye un *autoconcepto* sano al desarrollar tus cualidades y moderar tus defectos.
- Ahora bien, una cosa es generar tu propia transformación y otra cambiar al otro según tu deseo: no puedes hacer que tu candidato a pareja cambie si él o ella no está interesado en hacerlo.

Clave 11

Decir o hacer

Acciones más que palabras

Palabras y plumas el tiempo las tumba.

Refrán popular

Las palabras que no van seguidas de hechos no valen para nada.

Demóstenes

- Una vida de pareja que no incluya a dos personas actuando desde su más genuina condición es un amor destinado a la superficialidad y al fracaso.
- Cuando deseas desesperadamente una relación es fácil ser presa de palabras hermosas y dejar de ver las acciones de quien las dice.
- ¿Cómo es la vida de esa persona que te interesa? ¿La gente que la rodea se expresa de ella como lo hace ella de sí misma?

No hay duda de que hablar bien y bonito es una cualidad. Alguien que se expresa de manera adecuada, que dice cosas interesantes y seduce con la palabra posee una habilidad y quizás un don particular.

El lenguaje puede transformarse en halagos, en hazañas, en poesía. Por éste nos diferenciamos del resto de los animales. El ser humano se construyó como tal mediante el intercambio que le permitió la palabra: primero hablada, luego escrita. El lenguaje nos permite poner símbolos y nombrar la naturaleza y las experiencias de vida, al construir puentes que vinculan a unos con otros. Pero una cosa es nombrar las cosas y otra que esas designaciones correspondan en forma necesaria a lo nombrado.

Fuente de encuentros y desencuentros, las palabras no dejan de tener un impacto particular en las relaciones humanas. ¿Cuántas noches de desvelo has pasado recreando una conversación, una propuesta, un encuentro? ¿En cuántas ocasiones no has caído sumergido en un ensueño ante una frase o una proposición de alguien que se acercó a ti con intenciones de conquistarte? Sin duda, las palabras dan cuenta de quiénes somos, de qué queremos y de las intenciones, deseos y atributos que nos caracterizan, pero la comunicación humana no sólo queda en las palabras: requiere las acciones.

Muchas personas e infinidad de parejas se presentan a terapia con la queja de que no se comunican entre sí. Olvidan que el ser humano no puede dejar de comunicarse, pues todas las conductas que realizamos son una comunicación. Quizá tú también confundas la comunicación con el diálogo: este último forma parte del acervo comunicativo, pero no lo agota. Comunicarse es más que dialogar, y si partimos de la base de que no podemos dejar de comunicarnos, toda conducta representa una forma de comunicación, pues dice algo de la relación entre los participantes. Por ejemplo, si yo no le dirijo a alguien la palabra, aun en el silencio estoy comunicando algo: desinterés, rabia, miedo…

Hace algunos años Paul Watzlawick, en su libro *Teoría de la comunicación humana,* afirmó que toda comunicación, además del nivel de contenido —lo que se dice—, tiene un nivel relacional —referente a la definición de la relación de quienes entran en juego en la interacción—. No sólo eso: Watzlawick precisó que entre los dos tipos de intercambios la comunicación relacional tiene mayor peso que la verbal, pues esta última se refiere a la información que se da, mientras que la primera señala "cómo" entender lo que se dijo.

Si un amigo te dice que está muy interesado en ti, pero deja de hablarte durante tres semanas y luego reaparece diciendo que no ha dejado de pensar en ti, pero que le fue imposible contactarte, ¿a qué le das más valor: a lo que te dice o a sus actos? Tal vez en una primera instancia, ante una contradicción como ésta, le otorgues el beneficio de la duda y pienses que sí eres alguien significativo para él, pero en una segunda y tercera ocasión estarías "perdido en el espacio" si sigues creyendo en sus palabras. Más difícil será detectar esta incongruencia si lo que escuchas es de tu agrado: si te adula, si te endulza el oído y te hechiza con las palabras. Cuando alguien te gusta, pero sobre todo cuando deseas una relación en forma desesperada, es fácil ser presa de palabras hermosas y dejar de ver las acciones de quien las dice.

En particular, en esta tradición de "conquista caballeresca" el sexo masculino puede dominar el arte de las palabras y vivir alejado de lo que predica. No es que algunas mujeres no hagan lo mismo pero, de algún modo, desde la era prehistórica éstas han estado más a cargo de las relaciones humanas y desarrollado el arte de conversar. En términos generales, ellas se distinguen por ser más conversadoras que los hombres y más "duchas" para hacerlo. Los hombres son más de acción que de "dicción", de ahí que un varón buen conversador genere en las mujeres una sensación particular de empatía, escucha e intercambio, un entusiasmo por el verdadero encuentro. Sin duda las palabras son un mecanismo que facilita el intercambio y resultan necesarias para cultivar una relación, pero no lo suficiente para sostenerlas a través del tiempo ni una garantía de que correspondan con la realidad.

El hombre sabe que a las mujeres las enamoran las palabras y eso está bien, siempre y cuando no sólo sean una estrategia de conquista, sino el reflejo de un sentimiento amoroso y de una intención real. Por su parte, las mujeres saben que disponen de más recursos verbales para dar largas explicaciones y hacer confusos reclamos, por lo que también será importante que eviten andarse con rodeos y quejas confusas, para que mejor las usen con asertividad.

¿Cómo es la vida de esa persona que te interesa? ¿Su diario vivir avala sus discursos? ¿La gente que la rodea se expresa de ella como lo hace ella de sí misma? Su trayectoria, sus relaciones anteriores, sus logros, sus vínculos, ¿dan muestra de una congruencia y de una autenticidad? Quizá las mentiras más devastadoras no sean las que se dicen, sino las que se viven. Se vive en una mentira cuando se desfigura la realidad de la propia experiencia o la verdad del propio ser.

De seguro tú, como tantos hombres y mujeres, cansado de engaños y promesas vanas, pides autenticidad en una relación. Y al hablar de autenticidad lo que requieres es una conducta honesta, sincera, íntegra y noble, manifestaciones en acción que denotan congruencia entre lo que se dice y lo que se hace, entre lo que se muestra y lo que se vive.

No deja de ser traumático, tras un tiempo de relación, descubrir que nuestra pareja es experta en simular un amor que no siente o en esconder aquello que experimenta de verdad, o bien en mostrar que es más de lo que en verdad es y mostrarse más interesado en nosotros de lo que en realidad está. También desencanta reconocer que ése al que amamos habla de estar enojado cuando en el fondo lo que experimenta es miedo; ríe cuando querría llorar; afirma que algo no le importa mientras que su vida gira en torno a eso, o bien se adhiere a una creencia para gozar de aceptación social, mientras se traiciona a sí mismo.

Como éstos, podríamos citar infinidad de ejemplos, todos ellos manifestaciones de incongruencia que pretenden despistar la conciencia de los otros y disimular la propia inseguridad. ¿Has convivido con quien habla de su admiración por cierto tipo de personas mientras que convive con otras? ¿O con alguien que alardea del respeto a ciertos valores al tiempo que los ignora en la cotidianidad? La vida es compleja. Quizás el amor sea uno de los territorios con mayores laberintos y contradicciones. Una vida de pareja que no incluya a dos personas que actúan desde su más genuina condición genera un amor destinado a la superficialidad, al desencuentro y al fracaso.

La elección de alguien cuyas acciones avalen sus palabras no se refiere a practicar una sinceridad compulsiva: a anunciar cada pensamiento, sentimiento o acción posible sin tomar en cuenta si se da en el contexto adecuado. Tampoco consiste en dar una opinión no pedida ni en externar críticas exhaustivas no solicitadas. ¡Hay que ser sinceros pero sensatos! Lo que de seguro esperas de alguien congruente es honestidad, la cual diferencia lo que es de lo que no es, y que no alardea de valores que al final no corresponden con la realidad.

¿Has experimentado en carne propia la sutil sensación de satisfacción interior al comportarte de forma auténtica? O bien, ¿has sentido el recóndito malestar de traicionar tus más profundos valores al vivirte como un farsante que en cualquier momento se evidenciará? Pocas cosas atacan más la autoestima personal como no sentirte merecedor del lugar que ocupas en la vida, al experimentar que ni tus logros ni tus supuestas convicciones te pertenecen.

Actuar desde la autenticidad evita los dos riesgos más importantes de la seducción: engañarte a ti mismo y engañar a los demás. Evitar la deshonestidad facilita la satisfacción de actuar según tu verdadera forma de ser y ganar seguridad mediante el refuerzo que te da la congruencia personal. Quien no es auténtico ante los demás, con dificultad lo es ante sí mismo. En el fondo de su ser carece de autorrespeto, y se queda con un sabor desagradable a traición personal. Liarte con alguien que busca triquiñuelas para conquistarte, confundirte y posicionarse desde los espejismos es embaucarte en un trayecto con alguien que se valora poco a sí mismo y que probablemente tampoco te valorará.

No minimizamos la importancia de elegir como pareja a alguien que sea un buen conversador, pero con énfasis en que más allá del buen discurso está el ejemplo de la propia vida que avala aquello que se predica. Cuando te entusiasmes con alguien observa cómo vive. Date tiempo para conocer sus vínculos relacionales; échate un clavado en su historia y su vida cotidiana; escucha cómo se expresan los demás de esa persona. Y sobre todo, antes de preocuparte de que no te engañen los otros, ten cuidado de no caer también en el autoengaño.

Pregúnta<u>TE</u>	Pregúnta<u>LE</u>
¿Las palabras halagadoras te hacen perder piso y equivocarte al tomar decisiones?	¿Qué opinión tienen de ti tus amigos y familiares cercanos?
¿Confías en las promesas del otro a pesar de que sus actos no te convenzan?	¿Qué harás para llevar a cabo tus sueños y tus retos?
¿Te escudas en explicaciones para minimizar tus acciones?	¿Te has sentido alguna vez farsante?

Del dicho al hecho...

Cuida que en tu nueva relación las palabras correspondan a las acciones:

- Las palabras facilitan el intercambio y son necesarias para cultivar una relación, pero no suficientes para sostenerla a través del tiempo.
- El hombre sabe que a las mujeres las enamoran las palabras, y eso está bien, siempre y cuando no sean sólo una estrategia de conquista, sino el reflejo de una intención real.
- Hablar de que se admira a un tipo de persona mientras que se convive con otras o alardear del respeto a ciertos valores al tiempo que se ignoran en la vida diaria son manifestaciones de incongruencia.
- Actuar desde la autenticidad evita los dos riesgos más importantes de la seducción: engañarse a uno mismo y a los demás.

Clave 12

La risa, remedio infalible

Que tenga sentido del humor

La risa es la distancia más corta entre dos personas.

GEORGE BERNARD SHAW

- La capacidad de reír tiene muchas ventajas: le caemos mejor a la gente, facilita ligar, levanta el ánimo y reduce la posibilidad de contraer enfermedades.
- El bienestar que tanto anhelamos posee también una base bioquímica corporal: las endorfinas.
- El buen humor, los pensamientos positivos, el amor, el ejercicio y el sexo aumentan nuestro nivel de endorfinas.

No cabe duda de que la risa, la diversión, la alegría, el humor, el optimismo y la actitud positiva son elementos fundamentales para una vida con bienestar y felicidad. En el proceso de elegir pareja es importante que revises si hay algo de estas cualidades en tu posible candidato o candidata, pero más relevante es revisar si tienes problemas para usar el humor en lo cotidiano y vives en la queja y la negatividad. Revisemos a continuación algunos de estos términos para conocer las ventajas de vivir con una sensación de gozo y una buena capacidad de disfrutar.

La risa es la manifestación externa de un sentimiento interno; se le define como la respiración espasmódica, en parte involuntaria, con vocalización inarticulada y contracciones de los músculos faciales. Por lo general manifiesta la alegría.

Se sabe que la risa relaja los músculos tensos, reduce la producción de hormonas que causan el estrés y baja la presión sanguínea al tiempo que mueve cerca de cuatrocientos músculos. Una simple sonrisa suele ser capaz de iluminar el rostro de las personas y crear una sensación de bienestar.

¿Has tenido la suerte de usar la risa como un recurso para resolver un problema con alguien? Si has vivido esta experiencia, conocerás las ventajas que genera bajar las barreras combativas, aligerar el ambiente y predisponerte a la buena voluntad. La capacidad de reír tiene muchas ventajas: le caemos mejor a la gente, facilita ligar, levanta el ánimo y reduce la posibilidad de contraer enfermedades. Todo esto se da básicamente porque reír tiene como efecto la producción de endorfinas.

Las endorfinas son neurotransmisores cuya producción aumenta en los momentos placenteros de nuestra vida y disminuye en las situaciones tristes y estresantes; constituyen el vehículo material del placer, la euforia y la felicidad; elevan los niveles de dopamina; incrementan el impulso sexual y las sensaciones placenteras, y se acrecientan al practicar ejercicio físico o bien, al comer un chocolate.

Hablar de endorfinas es referirse a la química de la felicidad. El buen humor, los pensamientos positivos, el amor, el ejercicio, los estímulos sensoriales y el sexo aumentan nuestro nivel de endorfinas. El bienestar que tanto anhelamos posee también una base bioquímica corporal. ¡Tenlo presente!

El sentido del humor no es un atributo personal menor: la risa y la carcajada son las mejores fuentes de endorfinas. En varios estudios se ha comprobado su influencia en el sistema inmunológico. Éstas se segregan en mayor cantidad cuando nuestra mente no está ocupada en pensamientos que nos estresan: las técnicas de relajación, el yoga, el *neurofeedback,* el tai chi, la meditación o caminar por el parque facilitan este cometido. Escuchar música también agiliza su producción.

La rutina destruye nuestras reservas de endorfinas, mientras que la curiosidad y el interés conservan sus niveles en buen estado. ¿Te consideras capaz de capotear la monotonía al dar espacio a la realización de cosas que te gustan? El disfrute de todos tus sentidos: el oído con la música, el paladar con la comida, la vista con la belleza, el olfato con aromas agradables y el tacto al sentir el roce de la piel contra la piel activa la secreción de endorfinas. Esto explica por qué un abrazo o una caricia nos hacen tanto bien. Las palabras afectuosas, las sonrisas, el buen humor y una actitud comprensiva hacia los otros genera, sin lugar a dudas, la hormona de la felicidad.

¿Tu prospecto de pareja sabe disfrutar la vida o más bien vive en la queja, el pesimismo y la constante frustración? Jugar a la seducción es también divertirse, practicar deporte, gozar la cultura y el arte, ir al cine, aprender a viajar, frecuentar a los amigos y disfrutar del erotismo y la sexualidad. Lograr esto no es cosa de buena suerte, sino de aprender a vivir en la positividad.

Algunas personas aprenden a convertir el enojo en risa sin hacerlo de manera trivial y evasiva. La risa y el sentido del humor nada tienen que ver con la burla, los chistes machistas o cualquier acción donde te rías o se rían de los demás. El sarcasmo no es humor, sino violencia; resulta fundamental que revises si tu posible pareja abusa de esta ironía al confundirla con la auténtica risa y la sana simplicidad.

El optimismo

El optimismo se relaciona con nuestras expectativas sobre el futuro y nuestras metas. Las personas optimistas esperan que les sucedan cosas buenas, confían en ellas mismas y en sus circunstancias. Los pesimistas, por el contrario, auguran que les pasarán cosas negativas y que el futuro los sorprenderá para mal. Los optimistas saben que la adversidad se maneja en forma exitosa y por eso la enfrentan con confianza y perseverancia. Los pesimistas siempre esperan lo peor, temen una catástrofe y por eso tienden a dudar, paralizarse y a no actuar cuando se les presenta una dificultad.

Esta diferencia entre optimistas y pesimistas es de suma importancia: vivirte de una u otra manera tiene sus repercusiones en el manejo del estrés, la salud y la calidad de vida en general. En ocasiones pensamos que ser optimista consiste básicamente en "pensar positivo" o en visualizar cosas buenas, como si el solo hecho de imaginar o desear tales acontecimientos fuera suficiente para que ocurran en la realidad. El optimismo no sólo es una forma de pensar o sentir, sino la manera como traducimos estos pensamientos en acciones y actuamos ante la adversidad.

Las investigaciones sugieren que el optimismo, además de protegernos ante la adversidad, promueve el bienestar general. Se ha observado que las personas optimistas, ante el diagnóstico de una enfermedad seria o antes de una operación, tienden a presentar menos sufrimiento físico y emocional. Un estudio realizado por Carver y Scheier (1995) a un grupo de hombres con operación de *bypass* coronario ilustra con claridad lo que te queremos transmitir: antes de la cirugía de corazón se midieron los niveles de optimismo-pesimismo de dicho grupo de varones y se observó que los optimistas mostraban menos hostilidad, miedo y depresión. Una semana después del *bypass* los optimistas estaban más contentos y satisfechos con su médico y con el apoyo recibido de sus amigos y familiares. Seis meses después de la intervención los optimistas mostraban una mejor calidad de vida, que se mantuvo hasta cinco años más tarde. También se descubrió que los optimistas hacían más ejercicio, tomaban vitaminas, comían alimentos bajos en grasas y participaban en programas de rehabilitación cardiaca. Es claro observar que los pacientes optimistas estaban involucrados de manera más activa con su salud.

El optimismo tiene un efecto positivo no sólo en los enfermos, sino en quienes cuidan de ellos. Se ha encontrado que los cuidadores con mayores índices de optimismo presentan menos depresión y tienen mejor salud física que los pesimistas. Estas investigaciones demuestran que el optimismo no sólo tiende a protegernos ante la adversidad, sino que también promueve el bienestar. El pronóstico ante cualquier problema siempre resulta mejor entre los que afrontan los desafíos con mayor positividad.

Algunas de las estrategias de las personas optimistas consisten en aceptar la realidad, enfrentar el problema y verle el lado positivo, planear cómo manejar los desafíos de la vida y enfocarse en las metas en vez de las quejas. Te preguntarás: ¿puedo aprender a ser optimista? La respuesta es afirmativa, aunque no podemos negar la existencia de un componente genético que predispone el estado de ánimo general. Diversos estudios señalan también el influjo de las experiencias tempranas de vida en el desarrollo del optimismo, en especial si se tuvo una vinculación significativa y segura con un adulto durante la infancia. Sin embargo, también hay evidencias de que el optimismo y el pesimismo se aprenden y modifican en el transcurso de nuestra vida.

El optimismo ayuda a la gente a sufrir menos ante la adversidad, a manejar las situaciones difíciles de manera constructiva y a tomar los pasos necesarios para lograr un futuro mejor. Practica ser más optimista y descubre su impacto en tu vida y en las relaciones que generas a tu alrededor.

Ser positivo

Ser positivo es buscar y encontrar el lado bueno de las cosas; en muchos casos se equipara con el optimismo, pero te mostraremos algunas diferencias. Ser positivo es buscar la acción más que el lamento o la frustración; consiste en no quedarte en el drama cuando te equivocas, sino en tratar de aprender del error. Ser positivos es no culpar a los otros de lo que te pasa, sino asumir la responsabilidad en los asuntos que te involucran. Todo esto se logra gracias a la voluntad, a los valores y a las acciones. Aun los pesimistas pueden ejercer acciones positivas, aunque sin duda es más fácil que las realicen las personas optimistas. Ser positivo, a diferencia de ser optimista, es un acto de la voluntad. En el optimismo y el pesimismo hay un mayor componente de carácter y genética que de voluntad.

La felicidad

Las personas felices ven las oportunidades y acarician el éxito. Cuando piensan en el futuro, son optimistas, y al revisar su pasado tienden a saborear los puntos que han estado a su favor. Si naciste pensando en "el vaso medio vacío", puedes modificar tu manera de pensar para verlo "medio lleno". La publicidad y la sociedad nos han hecho creer que el dinero, la juventud y tener hijos son esenciales para lograr la felicidad, pero hoy sabemos que ninguna de esas tres cosas nos harán felices por sí mismas. ¿Cuánto tiempo nos falta para dejar de centrarnos en ellas y enfocarnos en las actitudes que sí podemos modificar?

De la risa, el optimismo y la actitud positiva sí depende buena parte de nuestra felicidad. Si a esto sumamos la elección de una pareja con dichas características no sólo aumentan las probabilidades de éxito en una relación, sino de un intercambio ligero y lleno de bienestar.

¡A reír se ha dicho! Y a aprender a disfrutar…

PregúntaTE	PregúntaLE
¿Puedo tomarme la vida menos en serio sin ser irresponsable?	¿Qué cosas o situaciones te hacen reír?
¿Uso mi sentido del humor y disfruto riendo?	¿Qué es lo que más disfrutas de la vida?
¿Estoy satisfecho con mi vida y veo el futuro con una actitud positiva?	¿Te consideras una persona optimista y positiva?

Es importante que revises si tu posible candidato o candidata tiene la capacidad de divertirse, pero antes date cuenta si vives en la queja y la negatividad.

- El sentido del humor no es un atributo personal menor. Una persona que ríe es más atractiva que una que no lo hace: busca a alguien así y hazlo tú mismo.
- El sarcasmo no es humor, sino violencia; advierte si tu posible pareja abusa de esta ironía.
- El optimismo no es sólo una forma de pensar o sentir, sino la manera como traducimos estos pensamientos en acciones.

Clave 13

Más vale solo que mal acompañado

Nadando sin salvavidas

> Quizá la mayor equivocación acerca de la soledad es que cada cual va por el mundo creyendo ser el único que la padece.
>
> JEANNE MARIE LASKAS

> Se puede confiar en las malas personas: jamás cambian.
>
> WILLIAM FAULKNER

- Infinidad de personas que viven en pareja sufren de un malestar amoroso galopante.
- Pocas relaciones favorecen tanto el crecimiento personal como una relación amorosa, pero tampoco existe ninguna otra relación que signifique tanto peligro para el bienestar personal como una vida de pareja destructiva.
- Es romántico pensar que cualquier persona de nuestro agrado puede ser nuestra pareja o que nosotros somos un buen partido para casi todo el mundo.
- La elección adecuada implica acercar tus aspiraciones a tus posibilidades.

En el pasado, la única opción válida para vivir en comunidad era la vida en pareja; la soltería quedaba como opción para los sacerdotes, místicos o locos. Los "solos" eran defectuosos, raros, enfermos, sobre todo si eran mujeres. Hoy más que nunca ser soltero empieza a ser una opción aceptable en nuestra sociedad.

Sin embargo, la soltería como estilo de vida es algo relativamente nuevo. Han sido necesarios siglos de evolución para integrar esta opción como válida y oportuna para quienes la eligen. Llegar a este punto ha significado desafiar prejuicios de siglos pasados, muchos aún difíciles de sortear.

De cualquier modo todavía vivimos en un mundo que privilegia la vida en pareja. Pareciera que los casados o emparejados fueran prueba de una "mayor estabilidad y compromiso". Quizás hasta se les considera sinónimo de éxito contra el "fracaso" que supone vivir en soledad.

Sabemos que esto no es así: por un lado constatamos que muchos modelos amorosos vigentes no responden a las características y necesidades de los habitantes del siglo XXI; por otro, infinidad de personas que viven en pareja sufren de un malestar amoroso galopante.

Si bien el amor no se equiparara con la felicidad absoluta, sabemos que un encuentro amoroso auténtico genera satisfacción y favorece la autorrealización. En la vida adulta pocas relaciones favorecen tanto la madurez y el crecimiento personal como una relación amorosa, pero tampoco existe ninguna otra relación que ponga en tanto peligro el bienestar personal, así como la salud psíquica y física, como una vida de pareja que se ha convertido en una relación destructiva. De ahí la importancia de la elección adecuada y la validez de la frase que afirma que "más vale solo que mal acompañado". No únicamente es bueno estar solo como "medida preventiva" de otra "catástrofe" amorosa: la soledad tiene sus bondades intrínsecas, su esperanza, su riqueza propia.

Se teme a la soledad. Estar solo aún huele a fracaso, a rechazo, a abandono, pero a lo largo de la vida no podemos —y quizá no deberíamos— ahorrarnos ciertos momentos de soledad. Del mismo modo que la vida de pareja lleva al crecimiento, la soledad aceptada y elegida se puede convertir en un espacio de encuentro contigo mismo, de proyección de tu vida y de preparación para un nuevo modo de vivir el amor. Al estar a solas se favorece la introspección, la reflexión y el desarrollo del yo interior.

Tras un rompimiento amoroso conviene atravesar momentos de soledad. No se trata de aislarte en forma masoquista, sino de generar un espacio para recuperarte, pensar y recolocarte en la vida. El vacío y la depresión que genera en sus inicios un rompimiento amoroso se pueden sustituir, paso a paso, por una plenitud y fuerza interna que genera gran satisfacción personal. Sobra decir que a veces los efectos de esta experiencia son más benéficos que el reconocimiento recibido de otras personas. Si bien la soledad conlleva cierto dolor, cuando se transforma en un dolor asumido es un camino cierto para generar crecimiento y conquistar la madurez.

Si te sientes cómodo solo estarás más a salvo de no liarte con alguien precipitadamente desde la necesidad y el miedo. Serás capaz de elegir actividades que te generen una paz interna que a su vez te facilite sanar las heridas y proyectar tu vida a futuro. ¿Cómo ves quedarte en casa viendo una película en lugar de buscar compañía con frenesí? ¿Cómo te sienta salir a tomar un café con un buen libro o una interesante revista como acompañante?

Reconocer los recursos personales que posees te permitirá hacer uso de ellos y descubrir tus verdaderos deseos, tus intereses escondidos y tus valores profundos. Hacer contacto contigo mismo te llevará a elegir actividades que te permitan respetar tu persona y transformar el significado de estar solo en una posibilidad agradable y positiva.

Hay quienes en esta etapa descubren que disfrutan haciendo cosas que antes no realizaban: escribir, pintar, bailar, estudiar, practicar yoga o hacer ejercicio. Conquistar este espacio personal puede ser la primera oportunidad para pensar en ti y aprender a cuidarte de manera cálida y respetuosa. Una ruptura amorosa puede dejar al descubierto que vivías en una relación de pareja con poco significado y que la soledad en compañía era por demás dolorosa; una separación puede acercar a ti la oportunidad de incorporar la soledad como elección o bien como un acto de aceptación, con grandes posibilidades para tu vida de transformación.

Tal vez te preguntarás: "¿Acaso no es que un clavo saca a otro clavo?" No podemos negar que en ocasiones, tras un quiebre amoroso, una relación prematura puede facilitar el proceso de recuperación y transición, pero si eliges por estar con alguien sólo para escapar de una soledad necesaria de transitar no sólo resultará lastimoso para la persona elegida, sino una especie de anestesia al dolor que pospone de manera ficticia la soledad que en algún momento deberás experimentar. Como hemos dicho, tras una ruptura es necesario vivir solo antes de volverse a vincular con otra pareja: eso facilitará tu acomodo interno y tu éxito en otra relación.

Muchas personas jamás aprendieron a ser individuos antes de emparejarse, y esto toca tanto a casados como solteros que han vivido en pareja. Esta gente pasó de la casa paterna a una relación matrimonial pensando en "nos casamos y viviremos felices para siempre". También hay jóvenes que desde chicos van de novia en novia, o de novio en novio, con temor a sostenerse en el mundo de manera individual.

Lograr un grado suficiente de satisfacción y disfrute viviendo como soltero desafía el requerimiento social de "cada oveja con su pareja", porque el reto de la soltería es mucho más amplio que la tarea de aprender a ser autosuficiente. La soltería asumida y disfrutada implica pasar de un "necesito a alguien porque no puedo solo" a "disfruto moverme a mi aire, comer lo que deseo, elegir nuevos hábitos y conocerme en soledad". Aprender a vivir cómodamente en soledad permite ver el mundo y la vida de manera mucho más amplia, con nuevas alternativas y posibilidades que tal vez, en compañía, no se podían ni siquiera imaginar.

Si echas a andar tu imaginación irás encontrando muchas más posibilidades para ponerte en juego en esta etapa: comer solo en un restaurante, ir al cine, ¡incluso irte de fiesta donde nadie te conozca! Ve a dar un paseo por el bosque o desplázate a una ciudad o población cercana; camina por las calles y siéntate en las bancas de los parques; incluso, si algún extraño se sienta junto a ti, establece una pequeña conversación. Empezarás en tu interior a disfrutar estos espacios y descubrirás que estar solo tiene su encanto. Si nadie te entiende, incluyendo a tu familia, no te obsesiones ni trates de dar muchas explicaciones: lo importante es que experimentes los efectos de vivir satisfactoriamente en soledad.

Es importante dar este paso puesto que aumentará la calidad de las relaciones que establezcas: los acercamientos con otras personas serán verdaderos encuentros. Disminuirá tu necesidad de ver a cualquier otro como "posible pareja" e incluso permitirá que antes de construir una relación comprometida de larga duración generes encuentros naturales y espontáneos que te preparen para una futura relación: encuentros sexuales respetuosos gratificantes, relaciones amistosas profundas y relaciones amorosas de aprendizaje para sanar heridas pasadas aunque sean de corta duración. Todos estos encuentros deberán ser enmarcados como lo que son para no jugar con los sentimientos de los demás ni poner en riesgo tu propia integridad física y emocional.

Hay quienes, después de transitar una etapa de soltería, alcanzan tal grado de satisfacción que deciden quedarse así. Si hoy te interesa vivir en pareja es probable que éste no sea tu caso, pero de cualquier modo, si ya atravesaste una etapa de soledad, de seguro sabes que la soltería abre una posibilidad de vida que no es egoísta ni ermitaña, siempre que seas honesto contigo respecto a lo que mueve tu elección.

Quizás el temor a vincularte con alguien y sufrir de nuevo, o el resentimiento que te provoca un pasado que no has logrado superar, sean indicadores de que no estás listo para buscar una nueva pareja. Ni el miedo ni el resentimiento son los mejores consejeros para elegir la soltería. Tal vez al hacer esto descubras que no has trabajado los problemas de una relación amorosa que hace tiempo terminó. Reflexiona si no te has refugiado en una soltería "elegida" por temor a la intimidad, por evitar sentimientos lastimosos o incómodos o por oposición irracional al matrimonio o la vida en pareja. Es indispensable liberarse de estas cargas para tomar elecciones futuras desde la paz y la autonomía en vez de hacerlo desde el miedo y la reacción.

La soledad y la soltería se viven mejor si se asumen y se aceptan con libertad. Para eso cabe que te preguntes si estás solo porque de momento así lo has deseado, al convertir la soledad obligada en soledad deseada y aprovecharla para crecer, reflexionar y reforzar tu confianza y autoestima.

Tal vez seas de las personas que están solas porque no encuentran compañía. Es importante que averigües las verdaderas causas de tu soledad, pues resulta fácil engañarse. ¿Será que no encuentras a la persona adecuada o que no te has convertido en la persona adecuada a través de un proceso de mejora personal? Ambas opciones son posibles, pero no está de más cuestionarlo: ¿será que te falta atractivo, o bien que tu carácter es difícil y no resulta agradable? Es más fácil darnos respuestas evasivas del tipo "no encuentro compañía", "todos mis conocidos ya tienen pareja", "no tengo tiempo para eso", que trabajar en hacernos más atractivos e interesantes para los demás.

Quizás eres de las personas que no han encontrado a la persona adecuada: tienes posibilidades de hacer pareja, le gustas a otros, pero no al que tu desearías para convivir. Las razones de esta experiencia pueden ser muchas: por un lado, no podemos negar —como hemos mencionado antes— la transición social que busca la equidad de género y la flexibilización de los roles de antaño que hoy parecen irse a pique. Esto no ha sido fácil. Hombres y mujeres estamos algo desorientados en cuanto a cómo y con quién queremos relacionarnos. Temerosos de ser lastimados y ansiosos por no dar el ancho, damos tumbos en nuestros acercamientos y a veces nos retiramos.

Sin embargo, y más allá de estos temas de actualidad, están las expectativas personales y las cegueras en relación con el propio ser. Es romántico pensar que cualquier persona de nuestro agrado puede convertirse en candidato a ser nuestra pareja o que nosotros somos un buen partido para casi todo el mundo. Insiste en conocerte más, en reconocer tus posibilidades y tu realidad y en trabajar desde ahí por mejorar.

Sin duda vivimos entre una serie de prejuicios que nos limitan. Si no luchamos por cuestionarlos y trabajar por cambiar actitudes que nos aíslan, con dificultad encontraremos a una pareja adecuada ni seremos un candidato deseable para los demás. Los prejuicios aprisionan y discriminan. Hombres y mujeres nos gustamos, nos deseamos, pero hoy no sabemos cómo atravesar los prejuicios que nos alejan, cómo acercarnos unos a otros, cómo salir de este atolladero y cambiar. Para flexibilizarnos en el tema de los prejuicios y la discriminación, primero toca aceptar que los prejuicios sí existen y que su razón de ser es crear la sensación de pertenencia, de fuerza y de tener ventaja o dominio sobre otros para sentirnos con mayor poder y "seguridad". Esta manera de construir la propia estima se desmorona a las primeras de cambio. ¿Lo has visto o experimentado en tu propio ser?

No es lo mismo ser selectivo y claro con lo que quieres en la vida que discriminar *a priori* a la gente y dejar fuera de tu espectro de elección a personas "que no cumplen los requisitos". Vale la pena que te preguntes: ¿de quién son esos requisitos?, ¿de mi familia?, ¿de mi contexto social?, ¿de mis hijos?, ¿de mis amigos? A veces damos por sentado que una persona con determinadas características no es una pareja en potencia. Un buen amigo nuestro pensaba que las mujeres que no eran altas y guapas eran malas en la cama. ¡Qué sorpresa fue para él descubrir lo contrario! Le fue muy revelador constatar que a veces las mujeres particularmente "cuidadas" y vanidosas tenían dificultad para relajarse al tener sexo, para explorar eróticamente y gozar.

Otro aspecto que puede interferir para que no logres un encuentro amoroso adecuado es que no seas realista entre el nivel de tus aspiraciones y el nivel de tus posibilidades. Si bien siempre es posible mejorarte a ti mismo y aspirar a una relación mejor, resulta importante "estar parado en la tierra" para reconocer tu rango auténtico de posibilidad.

Tus aspiraciones en la búsqueda de pareja te pueden hacer sentir que mereces el amor de ciertas personas, mientras que tus posibilidades reales muestran a las personas "de carne y hueso" que sí te pueden corresponder. Lo ideal es que el conocimiento de ti mismo te permita empatar tu nivel de aspiraciones con tus posibilidades reales. Esto no es tan fácil, pues a veces te podrás evaluar falsamente y generar acercamientos fallidos que desemboquen en una inmensa frustración. Es importante que orientes tu atención hacia personas susceptibles de aceptarte, pero también que te desarrolles y te conozcas para desear a quien sí le gustas y gustarle a aquellos que deseas.

Salir de la soledad no deseada se puede lograr mediante un encuentro amoroso armónico, al cual sólo se llega por una elección recíproca y oportuna. No nos cansaremos de afirmar que para ser un sujeto deseado requieres convertirte en un sujeto deseable, y el camino para hacerlo es el de la mejora personal. Ya lo dice Antoni Bolinches en su libro *El arte de enamorar:* "Las personas que enamoran son las que se mejoran a sí mismas". Mejorarte a ti mismo mediante el desarrollo de tus atributos personales te convierte en un ser deseable, y como ser deseable despertarás el interés de varias de las personas que te interesan, al ampliar el sutil espacio que sí favorece el camino de la probabilidad.

Como todos los seres humanos, cuentas con opciones desde tus propias limitaciones. Todos tenemos limitaciones y todos tenemos opciones: de hecho, ¡muchas opciones! Si aceptas la realidad sin autoengañarte, te orientarás hacia un encuentro productivo y evitarás de nueva cuenta la soledad más devastadora, aquella que experimentan las personas que se sienten solas sin estarlo, la soledad de quienes están mal acompañados, acompañados en frialdad y soledad...

Pregúnta<u>TE</u>	**Pregúnta<u>LE</u>**
¿Puedo mencionar cinco beneficios de vivir solo?	¿Cómo has aprendido a vivir solo?
¿A qué atribuyo no encontrar pareja?	¿Qué piensas de la soltería como estilo de vida?
¿Anhelo el encuentro sin perseguirlo con frenesí?	¿Por qué quieres tener pareja hoy?

Soltería: experimentarse a uno mismo

La soltería asumida y disfrutada implica pasar de un "necesito a alguien porque no puedo solo" a "disfruto moverme a mi aire, elegir nuevos hábitos y conocerme en soledad".

- No únicamente es bueno estar solo como "medida preventiva" de otra "catástrofe" amorosa: la soledad tiene sus bondades, su esperanza, su riqueza propia.
- Al estar a solas se favorece la introspección, la reflexión y el desarrollo del yo interior.
- Si logras sentirte cómodo estando solo, te encontrarás más a salvo de no liarte con alguien en forma precipitada desde la necesidad y el miedo.
- Hacer contacto contigo te llevará a elegir actividades que te permitan respetar tu persona y transformar el significado de estar solo en una posibilidad agradable y positiva.
- Tras una ruptura es necesario vivirse solo antes de volver a vincularse con otra pareja: eso facilitará tu acomodo interno y tu éxito en otra relación.

Clave 14

Presente, pasado o futuro

¿Cualquier tiempo pasado fue mejor?

> Cásese con alguien que no se ate al pasado, ni a su pasado personal ni al pasado de su amor. La relación va cambiando y nunca se sabe hacia dónde va a ir. Y desde luego no hay un servicio posventa donde se pueda reclamar.
>
> Rafael Manrique

- ¿Eres de los que piensa que "cualquier tiempo pasado fue mejor"? El pasado sirve para aprender, no para quedarse a vivir en él.
- El pasado permite detectar errores, no repetirlos, así como reparar y planear.
- Aceptar, reconocer y trabajar tus limitaciones pasadas facilita posicionarte en el presente y vivir de acuerdo con quien eres hoy para cuando llegue una nueva oportunidad.
- A veces el miedo al futuro y el estancamiento en el pasado tienen que ver con profundas carencias y eventos traumáticos a superar.

Los budistas piensan que el universo está en el presente; los historiadores se regocijan escarbando en el pasado y nos dan lecciones para no cometer los mismos errores; y los futurólogos tratan de predecir el porvenir para sacar ventaja del presente. De estas tres creencias, ¿cuál crees que te sirve para hacer una mejor selección de pareja?

Sin duda es necesario integrar presente, pasado y futuro antes de elegir pareja: no puedes desconocer cómo se muestra hoy esa persona, quién fue en su vida pasada y en quién se puede convertir tu prospecto a mediano y largo plazos. ¿Cuántas parejas se formaron enamoradas en el presente sin tener la menor idea de la vida pasada de su compañero? A veces el engolosinamiento del encuentro impide descubrir que la historia de esa persona no es compatible con tu manera de vivir. ¿Cuántas elecciones se basan en conocer si es de una "buena" familia sin conocer su proyecto de vida y los deseos que en el futuro anhela cumplir? Si bien el tiempo y la voluntad nos transforman a lo largo del tiempo, existe una base, tanto de carácter como de ética de vida, que se tiende a conservar.

El presente: ¿inmadurez o budismo?

Es una creencia generalizada, influida por Oriente y en cierta forma también por el sistema capitalista, que hemos de vivir en el presente. Si bien es cierto, esta postura no implica ignorar la línea del tiempo en su totalidad.

La frase imperante que afirma: "El pasado no existe, el futuro no ha llegado, vivamos el presente", cuando se aplica de manera literal presenta una clara desventaja en cuanto a las posibilidades de previsión y éxito en la vida en general y en el amor en particular.

Vivir en el presente como único dogma es gozar el momento sin cuidarte ni cuidar a los que te rodean. Y para muestra bastan algunos ejemplos: si no tienes la precaución de prever temas de salud o económicos, es probable que en poco tiempo enfrentes serios problemas físicos. Si únicamente vives en el presente, no sólo en asuntos de salud sino en los distintos aspectos de la vida, corres el riesgo de no contar con un futuro, y si llegas a tenerlo, al no haber sido proyectado de manera consciente te puede generar malas sorpresas y poca satisfacción.

Muchos jóvenes sólo piensan en el hoy, cuanto más en la semana siguiente, por lo que su planeación, organización y estructura deja mucho que desear; por lo común, se meten en dificultades y generan conflictos a su alrededor. Quizá su "talón de Aquiles" sea confiar en que "el futuro proveerá" o, en caso de mala suerte, sus padres los salvarán. Una obsesión distorsionada por vivir el presente impide capitalizar las experiencias del pasado, y un pasado bien procesado siempre es una puerta para detectar errores, sin repetirlos, con la capacidad de reparar y planear. Sin duda, aceptar, reconocer y trabajar tus limitaciones y errores pasados facilita posicionarte en el presente sin lastres y cegueras; aprender de lo vivido te ofrece más posibilidades de éxito en el futuro y de vivir acorde a quien eres hoy para cuando llegue una nueva oportunidad.

El pasado, ¿arqueólogo o historiador?

No dejaremos de insistir en que el pasado sirve para entender los propios orígenes y, con ellos, entender la vida y aprender de la experiencia. El pasado no sirve para quedarse a vivir en él. ¿Eres de los que piensa que "cualquier tiempo pasado fue mejor"? ¿Te aferras a lo que ya no fue o a lo que jamás será? A veces el miedo al futuro y el estancamiento en el pasado tienen que ver con profundas carencias y eventos traumáticos a superar.

Tal vez no seas tú, sino tu posible pareja la que de manera permanente evoca una vida pasada mejor. Si, por ejemplo, está atorado con su ex, toma en cuenta que se vislumbran dos escenarios posibles: si lleva menos de un año de separado, existen posibilidades de que en el futuro la nueva relación contigo se consolide; sin embargo, valdría la pena pedirle que se aclare y que te busque cuando se encuentre en un escenario emocional de mayor estabilidad. No funciona ser "el salvavidas" del otro; si bien los seres humanos nos acompañamos para recorrer etapas difíciles de la vida, es posible que en esas mismas se confunda el deseo de tener pareja con la necesidad de una buena amistad.

Por otro lado, tal vez la persona que te interesa lleve más de un año de separación y siga hablando de su ex como si la ruptura hubiera sido apenas ayer: ¡es importante considerar tu huida! Si bien las relaciones amorosas anteriores nunca dejan de formar parte de la vida de uno, es sintomático cuando se tiene la necesidad de hacerlas presentes en la nueva relación de manera permanente.

El tema del pasado también se refiere al manejo de la relación con los hijos, y esto, aunque no sea sencillo, te abre un mejor panorama. El asunto de los hijos, siempre y cuando no se caiga en un apego enfermizo, se puede negociar y manejar. Este logro depende en buena parte de que asumas esas circunstancias como parte de la nueva pareja y aceptes que elegirlo como compañero de vida implica sortear el paquete completo. En realidad es compatible ser padre y nueva pareja: si cada quien asume el rol que le corresponde y no trata de competir con el cariño de los hijos, ambos "amores" son del todo diferentes y posibles de empatar.

No deja de ocurrir que el caso del manejo de los hijos sea un problema extremo: a veces la culpa y falta de experiencia como padre soltero llevan a la sobreprotección. Quizá la mayor complicación se enfrenta cuando se pone a los hijos en un lugar jerárquico que les otorga privilegios y decisiones que no les corresponden por su edad ni por su posición de hijos. Ellos siempre son importantes, pero son los hijos: ¡qué gran error darles un papel que les permite opinar, decidir y enjuiciar desde una "autoridad" que no saben ni pueden manejar! Esto no sólo interfiere en nuestra vida personal, sino que les genera una ansiedad inmanejable que seguramente les afectaré. En situaciones de segundas parejas se requiere de una estructura clara donde el lugar que ocupas como padre o madre se defina con claridad y también el espacio que otorgas a tu nueva pareja; a reserva de casos extraordinarios que requieran de una atención extrema e inmediata, se debe cuidar y respetar ese lugar.

Por otro lado, llega a ocurrir que el nuevo prospecto de pareja esté atravesando por un proceso de reflexión para ser una mejor persona: muestra interés en ti pero lo sientes algo distante y meditativo. No hay duda de que, desde nuestra experiencia de vida y profesional, alguien en esas circunstancias requiere de un espacio de soledad: revisar la propia vida a veces implica una introspección y una energía importantes. Insistimos en que una persona que se cuestiona y acomoda las experiencias vividas puede ser un buen prospecto; quizás, aunque siga atravesando el proceso de la recuperación tras un rompimiento, la toma de conciencia personal sea un buen augurio para una nueva relación. Ten paciencia o bien pon distancia para acercarte cuando consideres que ya se abrió una oportunidad más certera.

El futuro: tan lejos y tan cerca

Tarde o temprano el futuro se convierte en presente. Soñar es bueno, síntoma de vida, de desear: genera creatividad y permite el avance colectivo. Pero vivir siempre en el futuro denota una inmadurez combinada con una imposibilidad de concretar acciones puntuales en la vida real.

No sólo de sueños vive el hombre: es necesario planear y acometer. Una clara visión que incluya el pasado y trascienda el presente permite prospectar la vida: contar con un sentido de vida aterrizado en una misión concreta permite llevar los sueños a la práctica. Para ser una buena pareja se requiere saber volar, mirar desde las alturas, pero luego ser capaz de aterrizar; un propósito en la vida genera metas concretas que impulsan a orientar la conducta al darle un significado y un "saborcito" particulares. Sólo el logro de la misión cumplida genera una sentido de competencia y de valía personal que facilita el encuentro amoroso y personal.

Enmarcar la vida en el transcurso del tiempo, desde el ángulo que lo veas, juega un papel fundamental en la elección de pareja. La compaginación del lugar que ocupa el pasado con el compromiso con el presente y el sentido del futuro permite dimensionar y enfocar la nueva relación amorosa que se está por iniciar.

PregúntaTE	PregúntaLE
¿Puedo nombrar lo que he aprendido de mi pasado?	¿Qué temas del pasado aún te perturban?
¿Mi apego al pasado o al futuro me impide conectarme con mi presente?	¿Qué es lo que más te motiva en tu diario vivir?
¿Visualizo mis sueños y los voy alcanzando?	¿Cómo te visualizas a mediano y largo plazo?

Pasado y futuro

- Si tu prospecto está atorado con su ex, valdría la pena pedirle que se aclare y te busque cuando se encuentre más estable emocionalmente.
- El tema del pasado también puede tener que ver con la relación de tu prospecto con sus hijos: ¡qué gran error es darles una "autoridad" que no saben ni pueden manejar!
- En situaciones de segundas parejas se requiere una estructura clara donde el lugar que ocupas como padre o madre se defina con claridad y de igual manera el espacio que otorgas a tu nueva pareja.
- Soñar es bueno, pero vivir siempre en el futuro denota una inmadurez combinada con una imposibilidad de concretar acciones en la vida real.

Clave 15

Celoso, ¡ni regalado!

La locura de la persecución

> Si los celos son señales de amor, es como la calentura en el hombre enfermo, que el tenerla es señal de tener vida, pero vida enferma y mal dispuesta.
>
> Miguel de Cervantes Saavedra

> Los celos son una ceguera que arruina los corazones; quejarse y querellarse no representa signos de afecto, sino de locura y malestar.
>
> Gasparo Gozzi

- Los celos se alimentan con la idea de un amor total, que todo lo puede, todo lo perdona y todo lo soporta.
- El amor ha de aceptar una buena dosis de incertidumbre o se tendrá una relación sin celos pero tampoco amor... ni casi nada.
- Para conservar un amor vivo se requiere de cierta opacidad y distancia; si no habrá una amistad, un contrato... no un amor.
- El deseo desaparece por la excesiva cercanía de los amantes y la total transparencia en su relación.

Quizás has experimentado la locura de sentir celos o de que tu pareja te cele... Ambas experiencias son avasalladoras. ¿Que tú no eres celoso? ¡No lo afirmes con tanta seguridad! Tal vez no has tenido esta experiencia, y quizá tu personalidad y tu historia de vida no te predispongan a experimentar los celos, pero a todos, en un momento dado, nos pueden visitar.

Hay a quienes les halaga que los celen, y ojalá que te cuestiones de dónde proviene esa actitud si acaso presumes de ella. Otros hasta confunden el amor con los celos. Y sí, los celos se asocian con el amor, pero no se derivan del mismo... Pensar que "celar es amar" es una idea romántica y errónea de quienes alimentan la creencia de que, si su pareja no se muestra "algo celosa" significa que no le importa de verdad.

¿Cómo puedes librarte de estas premisas que acaban resultando dañinas en las relaciones amorosas? En primer lugar reflexiona sobre tu concepto del amor, para darte cuenta si es que estás en la antesala de la experiencia celosa. Por ejemplo, la idea de un amor total, que todo lo puede, todo lo perdona y todo lo soporta, alimenta los celos. ¿Has presenciado las reacciones emocionales torpes y rudas de alguien que comprueba o tan sólo imagina que el amor del otro no es total? La idea de "tú y yo somos uno mismo" es frágil: cae por el suelo con facilidad y genera desconfianza y tensión en la relación; en respuesta a la decepción, la rabia o el despecho, la reacción celosa se puede desencadenar en cualquier momento.

Cuando alguna persona te prometa que todo lo tendrás con ella, como si en realidad pudiera aislarte del mundo y darte absolutamente todo lo que necesitas, ¡sal corriendo! Una promesa de este tipo empieza como "amor" y deviene vigilancia, hostigamiento y control. El celoso elige poseer antes que amar; busca asegurarse a toda costa al convertir la relación en sumisión, en la compra del "amado" o incluso en agresión, tres conductas que distan mucho del amor.

El amor es difícil de definir, pero si tratáramos de describirlo diríamos que consiste en el impulso de una pareja para construir algo común: una relación, un encuentro sostenido, un proyecto compartido, un espacio deseado. Toda construcción amorosa conlleva un riesgo; nada en el trayecto está asegurado; olvidamos con facilidad que el territorio del amor es incierto. Sin duda se pueden tomar mejores elecciones, más encaminadas hacia el éxito, pero siempre hay un espacio desconocido por el que se debe transitar.

André Maurois afirma que "sólo la incertidumbre mata los celos"; si ésta no se tolera es difícil transitar por el territorio del amor. En la vida amorosa se deben asumir algunos riesgos y una buena dosis de incertidumbre; de lo contrario habrá una relación sin celos, pero también sin libertad, creatividad, amor… ni casi nada. El amor incluso requiere de cierta opacidad y distancia para conservarse vivo; la necesidad de explicaciones excesivas, controles cotidianos y cuentas exhaustivas nunca genera certezas absolutas. La excesiva cercanía de los amantes y la total transparencia en su relación acaba desencadenando la falta de deseo, el hastío y la muerte del amor.

A diferencia de las necesidades que se satisfacen con algo concreto —el hambre se sacia con el alimento, o el cansancio con un buen sueño—, no sucede lo mismo con el amor. Porque el amor no es una necesidad, sino una demanda: se "desea tener amor", pero el deseo nunca se completa con algo particular, nunca se colma del todo. Por esto solemos afirmar que el amor adulto siempre te dejará un poco insatisfecho, algo inconsolable. El verdadero amor es asunto de "grandes". ¿Lo habías pensado así? Negarse a aceptar esta realidad es pretender un amor infantil; necesitar un padre o una madre que te colme de todo lo que requieres para estar bien; negar la esencia igualitaria del amor adulto, cuya búsqueda en una pareja consiste en que te acompañe a vivir. ¡Cuántas relaciones amorosas infantiles se construyen bajo esas premisas!

¿Has experimentado esa sensación de incompletud en el amor? Siempre falta más tiempo, más actividades, más cuidados, más… Demandamos una relación total, y ante la insuficiencia se abre de manera inevitable un escenario de insatisfacción donde los celos llegan a aparecer como un intento de apropiarnos del otro como si se tratara de un objeto.

Los celos son una experiencia de sufrimiento, un disgusto emocional frente a la pérdida de quien amas o bien ante la simple idea de que lo llegues a perder. En la vida del celoso se mezcla el deseo de posesión, la sensación de ser excluido, la necesidad de competir por el amado. Sentimientos como la envidia, la humillación y el miedo inundan su mente y todo su ser. Quizá la palabra "celos" sea plural debido a que la experiencia celosa incluye todo este cúmulo de emociones, las cuales irrumpen al mismo tiempo y con un alto grado de intensidad.

El celoso, ante el displacer y malestar que le genera dicha experiencia, pretende negar que el otro es "un otro", poseedor de una existencia individual y autónoma. De ahí surge su necesidad de posesión. ¿Cómo detectar a alguien que se acerca a ti en busca de paralizar tus deseos y sostenerte de manera permanente junto a él? Una pauta para descubrir la estrategia del celoso implica reconocer el sentimiento de hacerte sentir irresponsable e incompetente por medio de su constante vigilancia, suspicacia y control.

Hay personas que por su propia estructura de carácter se encuentran predispuestas a comportarse de manera celosa. Algunos rasgos que las caracterizan son:

- "Todo lo saben" y tienen siempre una respuesta "correcta". Corrigen de manera permanente los "errores" de los demás.
- Tienen una actitud moralista y juzgan a rajatabla el bien y el mal.
- Poseen una personalidad suspicaz que los mantiene en alerta constante, sin perder los menores detalles de la conducta del otro.
- Tienden a ser muy exigentes.
- A veces, por su alta religiosidad o por adherirse a valores supremos e inalcanzables, sus demandas están "fuera de este mundo". ¡Son casi angelicales!
- Son en extremo responsables y "coherentes", pues integran con dificultad las contradicciones propias de la vida.
- Ni hablar de aquellos con tendencia a una personalidad ansiosa, pues su tolerancia al riesgo y a la incertidumbre es prácticamente nula.

Si reunimos estos rasgos en una sola persona, tendremos la receta perfecta para un explosivo "coctel" de celos. Imagina si a esta bebida la complementas con el consumo de alcohol. Ya hablaremos de las adicciones en otra clave, pero no sobra decir que si bien no hay una clara correlación entre la conducta celosa y la ingesta de bebidas alcohólicas, es común observar que las más violentas escenas de celos se generan bajo el efecto del alcohol.

Los celos hablan su propio lenguaje: en las relaciones de pareja crean un mensaje muy particular. El miembro celoso, por lo general, tiene más que perder en la relación. Por eso es indispensable decir que un celoso experimenta mucha inseguridad y que quizá lo más importante que debería trabajar son sus miedos y ansiedad.

¿Cómo detectar a un celoso? Pon atención si la persona con la que te estás relacionando muestra constantes sospechas en relación contigo: "¿Por qué te vestiste con este color tan llamativo?" "¡Qué raro que te marqué y no contestaste!" "¡Me dicen que eres muy conocido y famoso! ¿Por qué será?" Tales observaciones son una buena probadita de la entrada al mundo de los celos y de la inseguridad.

Quienes viven bajo el influjo de la sospecha permanente primero muestran una especie de ausencia y distancia con el mundo: están meditativos, observantes... Luego llega el momento en que los celos hacen su franca aparición, irrumpiendo en la conciencia del celoso y mostrándose en conductas como reclamos, amenazas, sarcasmos. Al final, ya instalados los celos en la persona, evolucionan desde una sensación de exclusión e insignificancia hasta la experiencia de franca pérdida y humillación. Hay casos de celos exacerbados que terminan en una clara alteración mental.

No todos los celos son del mismo tipo: los hay fundados e infundados, proporcionados y desproporcionados. Los celos fundados, precisamente por apoyarse en hechos objetivos, son menos peligrosos, dado que no implican una patología previa, aunque también pueden provocar reacciones enfermizas. Estadísticamente abarcan al grueso de la población y por eso se consideran "normales", ya que surgen en cualquier relación que atraviesa por circunstancias que los facilitan.

La infidelidad es uno de los factores de mayor peso para desencadenar la experiencia celosa. Si bien "que te pinten el cuerno" no deja de ser un evento traumático, si eres una persona satisfecha con tu vida y enamorada de manera equilibrada y madura, al enterarte de la infidelidad sentirás dolor, desilusión y pesar; incluso experimentarás un "golpe bajo" a tu ego, pero la expresión de esos celos nunca irá más allá de un nivel incómodo, doloroso, pero manejable.

Las verdaderas crisis de celos no sólo se producen por "amor al otro", sino que incluyen otros dos aspectos: el exceso de amor propio y un alto nivel de inseguridad. Si bien es cierto que a los celos los motiva un agente externo, la forma de vivirlos y expresarlos viene determinada por el grado de madurez y seguridad de la propia persona. ¡Cuidado! Todavía escasean las personas maduras y abundan en exceso las inmaduras que buscan colgarse de una relación.

Por eso podemos afirmar que hay de gente celosa a enfermos de celos: personas cuya cabeza está plagada de obsesiones, incluso delirios, y que encierran propiamente una patología mental. ¿Recuerdas la película *Durmiendo con el enemigo,* protagonizada por Julia Roberts? Allí se describe con rigor cómo la experiencia celosa deja de ser un episodio circunstancial o un rasgo de carácter para convertirse en un severo caso patológico. En casos así no cabe más que una planeada retirada.

En ocasiones se intenta resolver los celos por medio de la transparencia, pero nada bueno resulta de ofrecer explicaciones excesivas de manera constante. ¡Tanta aclaración altera y mata el deseo y el amor! La franqueza absoluta no es una buena solución al problema de los celos, porque somos seres contradictorios. Una relación amorosa viva y comprometida ha de ser capaz de jugar con esta contradicción: algo de desvelamiento y otro tanto de ocultamiento son necesarios. Saber qué, cómo y cuándo hay que hablar o bien callar es un arte necesario de desarrollar y ejercitar.

Así que ya lo sabes: para combatir el problema de los celos no hemos de evitar el amor, sino la inseguridad. Esto se logra al generar una vida plena y trabajar en la propia madurez. Quizás esta tarea de crecimiento te facilite incluir en tu repertorio de cualidades uno de los antídotos más poderosos contra los celos: ¡la seducción!

Pocas herramientas dan una mayor sensación de hacer algo con el miedo experimentado ante la incertidumbre de la permanencia del ser amado como saber seducirlo de a poco y en forma constante. Al hablar de seducción no nos referimos a la capacidad banal de llevarse a alguien a la cama, lo cual puede ser más o menos fácil, sino al recurso creativo y profundamente humano que favorece la creación de vínculos significativos y amorosos.

Por medio de la seducción integrada a tu modo de ser lograrás que aquella persona que te interesa te quiera escoger, y que una vez elegido te vuelva y te vuelva y te vuelva a elegir.

PregúntaTE	**PregúntaLE**
¿Si no me cela siento que no le importo?	¿Crees que el verdadero amor logra satisfacer casi todas las necesidades del otro?
¿Acepto que el amor conlleva incertidumbre?	¿Qué es para ti la infidelidad?
¿Sé seducir y eso me da seguridad?	¿Qué necesitas para sentirte seguro en una relación de pareja?

¿Cuándo salir corriendo?

- Cuando alguna persona te prometa que todo lo tendrás con ella, como si pudiera aislarte del mundo y darte absolutamente todo lo que necesitas.
- Una promesa de este tipo empieza como "amor" y deviene vigilancia, hostigamiento y control.
- El celoso elige poseer antes que amar; busca asegurarse a toda costa, al convertir la relación en sumisión o incluso en agresión.

Clave 16

Somos mucho más que dos

Tejiendo redes de amigos

La verdadera amistad es planta de lento crecimiento que debe vencer los embates del infortunio antes de que sus frutos lleguen a completa madurez.

GEORGE WASHINGTON

- Hay mil modos de crear amistades sólidas que nos apoyen en caso de necesidad en el futuro.
- Para consolidar una amistad hay que cultivarla intercambiando afecto, tiempo, simpatía, confianza y discreción, así como con un interés genuino por el otro.
- Los verdaderos contactos humanos son "gratuitos" y poseen un valor terapéutico inigualable.

"Mira con quién andas y te diré quién eres", decían los abuelos y creemos que con mucha razón. La calidad y cantidad de relaciones afectivas importantes sirven para construir tu identidad, moldear tu vida y definir la calidad de tu existencia.

A la hora de elegir pareja resulta clave observar el tipo de relaciones familiares y de amistad construidas por el susodicho o la susodicha en sus círculos cercanos. Enfocarte en esto te permite visualizar de manera certera la manera en que dicha persona construye sus vínculos significativos y al mismo tiempo te proporciona indicios del tipo de relación que generaría contigo y tu mundo.

Echemos un clavado en el tema de la amistad y las redes para entender cómo funcionamos los seres humanos y de qué manera es posible crecer en este ámbito social. Entender el mecanismo social también te ayudará a reconocer qué debes observar en las personas que te interesan para construir una vida de pareja.

Los seres humanos somos seres sociales, por lo que no nos gusta vivir solos ni, en sentido riguroso, podemos sobrevivir en aislamiento. Antiguamente la familia y la comunidad más cercana satisfacía la necesidad básica de cercanía y compañía; hoy no siempre sucede lo mismo: en ocasiones las familias y los amigos viven en ciudades diferentes o llevan dinámicas de vida muy distintas a la nuestra, por lo que de pronto nos sentimos solos o con un número muy reducido de personas con las que contamos, lo cual nos hace sentir inseguros y vulnerables.

La necesidad de pertenecer se encuentra en la base de nuestra naturaleza humana y es una parte constitutiva de todas las personas. Si no somos reconocidos y apreciados como seres únicos, queridos y valiosos el malestar con la vida y con los otros aumentará; el hecho de ser apreciados, vistos y considerados por los demás nos aporta deseo y placer por vivir y convivir. Sumemos a esto la certeza de que *quien no se reconoce a sí mismo,* difícilmente *será reconocido por los demás,* lo cual de seguro generará sufrimiento personal y dolor en los demás.

En las relaciones interpersonales, las primeras semanas de convivencia, por no decir los primeros minutos del encuentro, son determinantes para la construcción de una amistad a largo plazo. Si algo va mal en los intercambios iniciales, la probabilidad de consolidar la amistad disminuye; de ahí la importancia de cuidar la primera impresión. Imagínate con una escala interna de compatibilidad con la que evaluaras si la persona frente a ti puede llegar a ser un posible apoyo en caso de necesitarlo; imagina que esta escala también evalúa las posibilidades del recién conocido de protegerte e impulsar tu realización como persona.

En efecto, existen mecanismos cognitivos diseñados para que formemos amistades y grupos de apoyo que aseguren la creación de vínculos, los cuales actuarán en el futuro como redes en situaciones de conflicto y necesidad. Esta manera de visualizar la amistad se enmarca en una nueva teoría bautizada como "hipótesis de la alianza para la amistad humana", alejada del tradicional supuesto que afirma que hacemos amigos por la riqueza, la popularidad, la religión, la raza o las similitudes entre los interesados. Los psicólogos Peter DeScioli y Robert Kurzban sugieren que el ser humano escoge a sus amistades priorizando a aquellos individuos que le tenderán la mano en los conflictos por encima de aquellos que sabe que no se solidarizarán con él.

Siempre se pensó que los humanos construíamos amistades para intercambiar bienes y servicios o tan sólo por gusto o "interés". Parece que la amistad implica algo más que tal intercambio: las personas queremos amigos que cuiden de nosotros y no sólo que nos den algo material o diversión. Los verdaderos amigos son entonces los que se preocupan por las necesidades de los otros, más que por los beneficios que obtengan por su ayuda. Los estudios realizados en esta materia han comprobado que la gente parece auxiliar a sus amigos incluso cuando es improbable que éstos les devuelvan el favor.

Establecer alianzas o vínculos para protegerte frente a otras personas o circunstancias es un factor determinante para el disfrute de la vida en particular y el bienestar en general. Las amistades se relacionan con las alianzas que formamos: el valor de un aliado o de un amigo disminuye con cada alianza adicional, por lo que es fácil darse cuenta cuando un amigo te coloca por encima o por debajo de los demás. La mejor alianza para las personas es aquella en que el aliado te posiciona en un lugar de cierta prioridad.

Pero ¿cómo fortalecer una amistad y contar con el privilegio que otorga una alianza cercana? Consolidar una amistad requiere cultivarla con cuidado: intercambiar afecto, tiempo, simpatía, confianza y discreción, así como un interés genuino por el otro que prolongue en el tiempo. Las amistades sólidas, si bien pueden surgir en un encuentro fortuito, no se logran de la noche a la mañana. Además de disfrutar del intercambio mismo, hacer algo por un amigo produce un sentimiento de bienestar por el solo hecho de acompañarlo y apoyarlo.

Ahora bien, al buscar redes de amigos el tema de la discriminación puede ser un factor determinante que entorpezca tu relación con los otros. Hemos dicho que todos tenemos prejuicios, en particular en este país con grandes diferencias sociales, económicas y culturales. Es importante que los reconozcas y trabajes con la finalidad de reducirlos, matizarlos, manejarlos y en algunos casos eliminarlos. Este trabajo personal te abrirá las puertas para contar con una red más amplia y diversa de amigos, la cual sin duda enriquecerá tu vida. Estar consciente de las propias creencias, mitos e interpretaciones de los que abusamos en el diario vivir y convivir ayuda a aumentar las posibilidades de crear círculos sociales significativos y conocer a personas diversas; este ejercicio de conciencia permanente redituará en una mejor y más rica elección de tus amistades.

Quizá te cuestionas: ¿para qué tanto esfuerzo en crear amistades sólidas si lo que quiero es una pareja? Las personas que tienen activada una buena red de amigos gozan de muchos beneficios físicos y emocionales:

- Poseen un sistema inmunológico más fuerte.
- Gozan de mejor salud mental.
- Viven más y con mejor calidad de vida.
- Atraviesan mejor los problemas.
- Se deprimen menos.
- Se divierten más.
- Corren menos riesgo de morir.

El mundo en que vivimos nos engaña con facilidad al ofrecernos cientos de alternativas para generar bienestar y salud: productos de consumo, medicamentos, fiestas, viajes, etcétera. Todas pueden ser buenas y valiosas, pero los verdaderos contactos humanos poseen un valor terapéutico inigualable y son "gratuitos". Los grupos sociales crean lazos personales y directos que vinculan a la persona con aquellos otros con quienes comparte valores y creencias comunes. Toma en cuenta que encontrar una pareja constituye una gran dicha, pero una relación amorosa no agota tus necesidades y deseos: cargar a una sola persona y responsabilizarla de darte todo y satisfacerte de lleno es el primer paso para acabar con un posible amor.

Una red social se compone de personas conectadas por uno o varios tipos de relaciones: amistad, parentesco, intereses comunes y comerciales, algunas creencias, conocimientos e incluso por el estatus. Por tanto, estos círculos operan a muchos niveles y en su conjunto se representarían como un mapa de todos los lazos relevantes entre las personas. Son once las características indispensables que contiene toda red de apoyo:

1. Sus miembros participan en la toma de decisiones.
2. La red crea un ambiente de aceptación y respeto.
3. Comparte objetivos claros y comunes.
4. Hay congruencia entre el individuo y la red.
5. Todos los integrantes participan.
6. Los valores son homogéneos.
7. Se genera un sentimiento de igualdad.
8. Se busca la colaboración y no la competencia.
9. El liderazgo es distribuido, no monopolizado.
10. Promueve la flexibilidad.
11. Se busca el consenso.

Si regresamos al punto de partida de esta clave, insistimos en que en la base de nuestras motivaciones lo que nos mueve a generar redes es la antigua necesidad de ser reconocidos, aceptados, respetados y acogidos. Ser valorado, tomado en cuenta, que tus ideas y aportaciones al grupo se valoren, así como ser requerido en espacios sociales de tu interés son estímulos para la vida, además de muestras certeras de afecto que llenan tu diario vivir.

Si te haces la siguiente pregunta: ¿qué es lo que más me duele de la vida?, quizá descubras que en general ésta duele en los espacios donde te sientes invisible, sin ser mirado por los demás, donde no se te valora y por tanto sientes en mayor o menor grado el desamor de los otros.

Para vincularse en una capacidad humana, a veces bien desarrollada desde la infancia, a veces a trabajar en la adultez, sería muy satisfactorio para nosotros que tras la lectura de estos párrafos integraras la importancia de generar tales lazos significativos y de enriquecer y mantener los que ya tienes. Tomar en cuenta las redes de tu prospecto de pareja resulta central, pues de algún modo permiten ver su capacidad de vincularse y conservar sus vínculos. Por otro lado, si bien nada es concluyente, las amistades y redes de aquel con quien quisieras emparejarte te pueden dar un mapa del tipo de persona que es y de su potencial para una relación comprometida.

PregúntaTE	**PregúntaLE**
¿Qué tan profundos han sido mis vínculos en el pasado?	¿Cómo te llevas con tu familia nuclear y con tus mejores amigos?
¿Acompaño a mis amigos en las buenas y en las malas?	¿Qué opinan tus amigos de ti?
¿Cuento con redes de amigos y familiares para mi crecimiento?	¿Quiénes y cuántos de sus conocidos te ayudan a crecer?

Tus redes y tu prospecto de pareja

- Una vida de pareja se enriquece cuando cada persona genera vínculos significativos y mantiene los que ya posee.
- Las redes de tu posible pareja te harán ver si cuenta con la capacidad de vincularse y conservar esos vínculos, pues te darán un mapa del tipo de persona que es y de su potencial para una relación comprometida.
- Una relación amorosa no agota tus necesidades y deseos: cargar a una sola persona con la responsabilidad de satisfacerte de lleno es el primer paso para acabar con un posible amor.

Clave 17

Caricias, cosquillas y sonrisas

Un poco de ternura en la relación…

> El amor es canción para estar vivos, desprendida ternura, rompeolas.
>
> FRANCISCO GARZÓN CÉSPEDES

> Haré que la ternura te llegue entre las olas,
> y que el rocío del alba jamás te encuentre a solas,
> que la espuma te arrulle dormido entre mis brazos
> y ser como la espuma besándote los labios.
>
> ROSANA

- Ser íntimo es mostrar el propio ser al otro.
- La intimidad no es sinónimo de amor, pero constituye un ingrediente que favorece el mantenimiento y desarrollo del mismo.
- Detrás de la ternura está la capacidad de dar y recibir afecto, la cual es esencial en las relaciones humanas.
- No es suficiente que tu pareja te ame y sienta cariño por ti: es importante también que te lo exprese.

Muchas relaciones amorosas fracasan porque con el paso del tiempo la sensación de soledad, vacío y distancia se apodera de los amantes. Quizá tu pasada vida de pareja se inició, como el nombre lo indica, más "pareja", y el intercambio y la mutualidad generaba en ti una sensación de cercanía e intimidad. Tal vez esta sensación de calidez nunca existió, pero eran otras las tareas y los fines que esperabas de ese intercambio amoroso. ¿Salir de casa de tus padres? ¿Formar una familia? ¿Lograr una vida independiente? Son muchos los motivos que pudieron llevarte a elegir a esa persona como compañera de vida y a sostener con ella la relación a lo largo del tiempo que duró.

Si bien hay relaciones amorosas que marchan, y marchan bien sin ser "íntimas", muchas personas, sobre todo cuando buscan una segunda o tercera relación, desean un encuentro que integre otra cualidad: la intimidad. No se trata de un sinónimo de amor, pero muchas veces es un ingrediente que favorece el mantenimiento y desarrollo del mismo.

¿En qué consiste la intimidad? Podríamos definirla como la capacidad de compartir con otro sentimientos, actitudes y pensamientos, incluso el cuerpo y el sexo. Algo que caracteriza una relación de intimidad consiste en no "disimular" ni tener la necesidad de mostrarte diferente de lo que en realidad eres.

Si has vivido la experiencia de la intimidad, habrás experimentado una sensación de vulnerabilidad y de unión al mismo tiempo: vulnerabilidad porque siempre se teme que eso revelado se use en tu contra, y unión porque la experiencia de compartir te acerca al otro y reduce esa distancia sutil que da la clave para sentirte acompañado y comprendido.

Por supuesto que la intimidad no es exclusiva de las relaciones amorosas: hay relaciones de amigos, de familiares o de colegas que son íntimas, pero siempre es más probable que ésta surja en el territorio del amor. Se puede ser íntimo en algunas áreas nada más, y de hecho eso ocurre con frecuencia: es decir, en el campo sexual, en el sentimental o bien en el intelectual. Esto es entendible en cualquier tipo de relación, pero la vida de pareja favorece que los diferentes grados de intimidad y las distintas áreas en que la requieren cada uno de sus integrantes sea una fuente de conflictos y frustración.

Quizás el tema de la intimidad sea de mucha relevancia porque, además del encanto que genera sentirse conectado con alguien, suele ir acompañada de gestos cariñosos a los que llamamos ternura, la cual siempre se percibe como algo "bueno": es cálida, suave, afable. Quien es tierno tiene la capacidad de hacer a un lado el egoísmo y de dar sin esperar mucha compensación. Al hablar de ternura no nos referimos a gestos intensos, cargados de palabras cursis y afectos excesivos.

¿Qué es la ternura? Se trata de una necesidad, sobre todo corporal, la cual nos conecta con las necesidades más ancestrales que experimentamos como animales que nacemos desprotegidos: el ser humano no sobreviviría ni unas horas sin el cuidado corporal y la protección física de un cuidador.

¿Será por eso que el tacto y el olfato —como lo hemos explicado— son de los sentidos que más nos acercan o alejan de manera casi primitiva a una persona? La piel es el mayor órgano sensorial y por lo tanto constituye el medio para el contacto y el afecto. Las sensaciones alimentan el corazón y el cerebro. ¿Sabías que un niño que recibe caricias físicas tiene un desempeño académico más favorecedor?

Es curioso que, tal vez sin saber por qué, te guste ser tocado, acariciado y que esperes eso de un compañero amoroso. Las caricias y el afecto demostrado con ternura ayudan a generar seguridad, confianza, autonomía e incluso gusto por la propia imagen corporal. La piel es un medio de comunicación afectiva, y el afecto y la ternura son su expresión más fructífera. La ternura no sólo encuentra sus caminos por medio del tacto: también se refleja en la actitud, en el tono de voz, en la mirada, en el ambiente creado.

La intimidad es en general el desvelamiento del propio ser, y la ternura es en particular el desvelamiento afectivo y corporal con alguien que amamos. Entre los desvelamientos corporales sobresale la sexualidad; por eso la intimidad amorosa, que incluye lo sexual, es tal vez la más abarcadora y amenazadora entre los seres humanos. La sexualidad amorosa produce un goce que incluye ese intenso componente de placer, fuerza y vida, pero al mismo tiempo puede generar, en el desencuentro, los más dolorosos sinsabores.

Acaso te parece extraño hablar de ternura en la sexualidad: esta última nos liga con nuestras raíces animales y busca la satisfacción y la culminación del goce, en tanto que mediante la ternura el sexo exige que el otro no sea un objeto de consumo para mi placer, sino un ser humano único e insustituible. Sin duda, entre ambas fuerzas existe un choque, una contradicción, pues el instinto puro cosifica, mientras que la ternura pura deserotiza, pero no se puede ignorar el papel de ésta en la expresión erótica, por ejemplo, en los casos de malestar posorgásmico, donde parte del desacoplamiento sexual se funda en la falta de demostraciones de cariño y ternura después de terminar una relación sexual.

Por otra parte, aquel capaz de demostrar ternura también contrarresta y neutraliza la agresión propia de nuestra naturaleza animal. Las manifestaciones de ternura muestran nuestra posibilidad de controlar, dominar y transformar la posibilidad de ser agresivos. ¿Cuántos actos como morder sin lastimar y hacer cosquillas sin dañar dan cuenta de esta capacidad de traducir nuestra energía agresiva en ternura?

Tal vez al iniciar la lectura de esta clave no imaginabas las múltiples facetas de esta cualidad. ¿De qué otra forma puedes saber si estás eligiendo a una persona con capacidad de manifestar ternura? A veces puede ser de utilidad observar su trato con otras personas, en particular con niños y animales; la manera de proceder con otros más indefensos da cuenta de esa cualidad afectiva. No esperes que tu posible candidato sea un san Martín de Porres ni un san Francisco de Asís, pero trata de detectar esa humanidad básica que trasluce su capacidad de conectarse con el otro, de sentir, de expresar su afectividad.

Sobra decir que detrás de la ternura se encuentra la capacidad de dar y recibir afecto, la cual es esencial en las relaciones humanas. Estarás de acuerdo en que no es suficiente que tu pareja te ame y sienta cariño por ti: también es importante que te lo exprese.

Más adelante abordaremos el tema del alfabetismo emocional. Mencionemos ahora tan sólo que muchas personas experimentan en su interior sentimientos que no pueden expresar a los demás por razones diversas: quizá porque no los recibieron en su infancia o no aprendieron a darlos y ahora por eso los inhiben. Otras ni siquiera tienen la capacidad de sentirlos. Peor aún, en nuestra cultura, en particular entre los hombres, no se promueven ese tipo de expresiones emocionales. Por el contrario, en aras de un falso respeto y por no parecer "cursis" ni "empalagosos", o bien como alarde de hombría, se fomenta la distancia y la frialdad. Sea por la razón que sea, hay quienes se inhiben y sufren porque se les dificulta sentir y expresar afecto; otros, en su bloqueo corporal y emocional, a veces ni siquiera entienden la importancia del asunto.

Si te identificas con esta situación has de saber que, dada la importancia de la conducta tierna en las relaciones humanas, esta habilidad se puede entrenar y desarrollar. Si, por el contrario, disfrutas de las expresiones de afecto y valoras la ternura como cualidad, ten la habilidad de reconocer que la "extrema timidez" o la franca frialdad que muestran algunas personas esconde detrás la incapacidad de acercarse en el terreno afectivo.

Cuando amas a alguien, ¿no sientes acaso deseo de acercarte y tocarlo? Necesitamos "sentir" que el otro nos ama y también manifestarle al otro que lo amamos. Abrazar, acariciar, demostrar ternura, besar... Todas las expresiones táctiles resultan decisivas no sólo durante los primeros años de vida, sino en la etapa adulta y en particular en el mundo del amor... ¡Aprendamos a tocar amorosamente y a permitir ser tocados con amor!

PregúntaTE	**PregúntaLE**
¿Me cuesta mostrar mi interior y con frecuencia me cierro ante los demás?	¿Te gusta compartir tus ideas, ideales, sentimientos y valores profundos?
¿Tolero la ansiedad que implica sentirme vulnerable en el amor?	¿Quiénes y qué ocasiones te inspiran ternura?
¿Puedo dar y recibir ternura?	¿Piensas que es muy peligroso sentirse vulnerable en el amor?

Signos de una verdadera intimidad

- No tener que "disimular" ni mostrarte diferente de lo que en realidad eres.
- En la intimidad hay una sensación de vulnerabilidad y de unión al mismo tiempo.
- La ternura se manifiesta en la intimidad: es cálida, suave, afable. Quien es tierno posee la capacidad de hacer a un lado el egoísmo.
- En el trato que se da a otras personas, en particular con niños o animales, se deja entrever la capacidad de ser íntimo y tierno...

Clave 18

Siento esto, no siento esto

La importancia del alfabetismo emocional

> Cuando era un adolescente fui a terapia y el terapeuta me preguntó: ¿qué sientes? Le contesté que nada. Era cierto y preocupante. Después de haber sido un niño muy sensible, me di cuenta de que había aprendido a reprimir lo que sentía como una manera de protección ante mis "amigos y maestros". A partir de ese momento inicié un largo camino para volver a ser quien era: "una persona sensible", y recuperar toda la gama de emociones que nos hace humanos.
>
> ALEJANDRO

- Entre los varones, 90% tiene problemas con el manejo de sus emociones, ya sea porque no las sienten o las niegan.
- Tanto hombres como mujeres pueden sufrir analfabetismo emocional, pero por la manera en que hemos sido educados es muy común que los varones sean más proclives a éste.
- Los varones aún piensan que aquello que atrae a las mujeres es un "hombre fuerte y formal" que las cuide y proteja.
- Las mujeres desconocen que la aparente insensibilidad masculina es una coraza construida para proteger su vulnerabilidad, la cual ha sido poco reconocida y respetada.

Al elegir a un compañero de vida es fundamental buscar a alguien que se encuentre en un nivel igual o parecido a nosotros en el tema de los sentimientos y las emociones. Ya hemos mencionado que tendemos a escoger parejas con un grado similar de madurez emocional: la disonancia en temas afectivos hace inviable la relación amorosa. Por eso es importante desarrollarnos en lo emocional para atraer y elegir a personas con mayor madurez afectiva; existen infinidad de personas muy inteligentes en el aspecto racional; sin embargo, están en pañales respecto a la inteligencia emocional.

El hilo conductor de este libro ha sido la elección de pareja, pero no por eso hemos dejado de insistir en que antes que nada hemos de voltear a vernos a nosotros mismos y reflexionar sobre el camino para construirnos como mejores personas. En esta clave en particular hemos de cuestionar de qué forma podemos incrementar nuestra inteligencia emocional y aceptar que tenemos mucho que aprender en relación con las propias emociones, para después encontrarnos con alguien que también maneje su vida afectiva de manera oportuna y constructiva.

Las diferencias de género en el tema emocional son un aspecto de suma importancia a considerar: es ineludible afirmar que hombres y mujeres no actuamos afectivamente de la misma forma.

Desde niños, a los hombres se les educa para:

- Controlar las emociones y en algunos casos para no sentir.
- Aprender que no sentir es una "ventaja" ante el dolor físico y emocional.
- Calificar y descalificar a los demás.
- Reconocerse como hombre porque existe su opuesto —la mujer—, a la cual no debe parecerse en nada.
- Contactar con los sentimientos al tomar riesgos extremos: abusando del alcohol y las drogas, trabajando de más, realizando actividades temerarias que incluso los lleven a poner en riesgo su integridad física y la de los demás.
- Resolver en solitario sus problemas.
- Aprender que la única emoción socialmente aceptada es enojarse.

Si eres hombre y te consideras con problemas en el manejo de tus emociones, ya sea porque no las sientes o las niegas, debes saber que 90% de los varones experimentan estas limitaciones. Sin embargo, es necesario que valores lo siguiente para ir desarrollando tu mundo afectivo:

- Cuida tu cuerpo. Los hombres se especializan en maltratarlo: no lo escuchan cuando éste les habla y, por lo tanto, no registran los síntomas que les dan señales de que algo no anda bien.
- Practica algún tipo de trabajo corporal con disciplinas como la meditación, el yoga, el psicoerotismo, los masajes, el ejercicio, etcétera.
- Acércate a la filosofía, a la poesía, a la música, y contáctate con temas espirituales: esto ayuda a entrar en contacto con el mundo afectivo.
- Sal al campo, planta un árbol, cultiva hortalizas o haz trabajos de jardinería: la naturaleza induce la sensibilización.
- Pasa más tiempo con tus hijos o con los niños, sobre todo en actividades que les interesen a ellos.
- Busca a un grupo de mujeres al cual pertenecer: tener varias amigas te ayudará a modelar cómo manejar las emociones.
- Cuida a algún animal: ello favorece el desarrollo emocional.
- Vence la homofobia y ten relaciones cercanas —en lo emocional y en lo físico— con otros hombres.
- Toma una terapia psicológica: esta herramienta siempre es una puerta de entrada al mundo emocional.

En nuestros talleres con hombres y mujeres, tanto solteros como casados, hemos preguntado a los participantes:

- ¿Qué esperan las mujeres de los hombres? Las respuestas más constantes son compromiso, compañerismo, fidelidad, ternura, pasión, estabilidad, protección, comprensión, apoyo, comunicación, solidaridad, sensibilidad, que demuestren sus emociones, sinceridad, honestidad, diálogo, tolerancia, sentido del humor, creatividad, reciprocidad, generosidad, libertad, respeto.

- Por otro lado, los hombres sienten que deben proporcionar a las mujeres seguridad, protección, paciencia, dinero, hijos, amistad, cuidado, confiabilidad, respeto, compañerismo, apoyo, contención, un futuro, presencia, seducción, estímulos y sexo.

Como vemos, la mayoría de los varones piensa que las mujeres no priorizan en ellos la expresión de sus sentimientos ni su capacidad de mostrarse vulnerables. Los hombres siguen pensando que aquello que atrae a las mujeres es el típico "hombre fuerte y formal" que las cuide y las proteja. Por su parte, los hombres aún buscan mujeres "obedientes" para no perder el control en la relación; sin duda aún existen algunas pocas, pero no sólo son cada vez menos, sino que los estudios de género muestran que las relaciones desiguales generan dolor, poco estimulo y frustración.

A las mujeres, por su parte, se les educa desde niñas para:

- Priorizar los sentimientos.
- Estar más atentas a gestos, miradas y otras señales no verbales para interpretar los afectos que no se expresan en forma verbal.
- Reconocer y expresar sus sentimientos, en especial la tristeza, la alegría y el miedo.
- Contener y callar el enojo, ya que es una emoción "típicamente masculina".
- Ser responsables de la vida emocional de los demás.

Sin duda, tanto hombres como mujeres pueden sufrir de analfabetismo emocional, pero por la manera en que hemos sido educados es muy común que los primeros sean más proclives a éste. La "alexitimia" es el término psicológico para describir a las personas que sufren de analfabetismo emocional; la palabra fue acuñada por Peter Sifneos en 1972, y sus raíces griegas significan "sin palabras para los afectos". Las personas que la padecen muestran incapacidad para identificar sus emociones y, por tanto, para expresarlas de manera verbal; prefieren ocuparse de eventos externos más que de experiencias internas.

Uno de los grandes problemas que genera el mal manejo de las emociones es la depresión o la ansiedad. Ambas constituyen trastornos comunes en la sociedad moderna. Muchas personas acuden al psiquiatra para que los medique, a modo de atenuar los malestares y continuar con las exigencias de la vida moderna: si el médico tratante es competente, intervendrá con responsabilidad al atacar los síntomas y las causas, pues algunos estudios integrales muestran que el medicamento por sí solo no cura el padecimiento, sino que sólo reduce los síntomas. La ansiedad y la depresión, entre muchas de sus causas, incluye deficiencias químicas cerebrales que requieren ser atendidas. Sin embargo, según la doctora Joanna Moncrieff, de la Universidad de Londres, lo que hacen los medicamentos es favorecer un "estado artificial de bienestar".

La doctora Helen Fischer, a quien ya hemos mencionado por su fama en la investigación de los procesos amorosos, piensa que en la actualidad se está abusando del uso de los antidepresivos. Ella afirma que los psicofármacos bloquean los efectos naturales de la oxitocina, lo cual dificulta en sus consumidores la capacidad para enamorarse y generar vínculos.

Reflexiona pues sobre tu capacidad para sentir y manejar tus emociones: revisa tu pasado y los vínculos que construiste en tus primeros años de vida; reconoce tus afectos y tus emociones. Tras acometer esta tarea te encontrarás mejor preparado para observar el manejo de las emociones de tu posible candidato a pareja: es fundamental ver la manera en que expresa su mundo afectivo y conocer algo de su pasado emocional, tanto en su vida amorosa como en la familiar. Observar su consumo de alcohol y de medicamentos te dará también una pauta del manejo que hace de su afectividad. Sin duda, a mayor abanico emocional, tanto tuyo como de él, mayor posibilidad de construir una relación de acompañamiento rica y amorosa.

Pregúnta<u>TE</u>	Pregúnta<u>LE</u>
¿Qué siento cuando estoy con mi posible prospecto?	¿Qué sentiste cuando terminaste tu relación anterior?
¿Cuál es la emoción que siento con más frecuencia? ¿Qué dice esta emoción sobre quién soy?	¿Cuál es el evento más doloroso que has sufrido?
¿Tengo dificultad para nombrar mis emociones?	Cuéntame de uno de los momentos más felices de tu vida.

Revisa las emociones de tu prospecto (¡y las tuyas!)

- A mayor abanico emocional, mayor posibilidad de construir una relación de acompañamiento rica y amorosa.
- Reflexiona sobre tu capacidad para sentir y manejar tus emociones: revisa tu pasado y los vínculos que construiste en tus primeros años de vida.
- Observa cómo tu candidato o candidata expresa su mundo afectivo.
- Pregunta sobre su pasado emocional, tanto en su vida amorosa como en la familiar.
- Observa su consumo de alcohol y de medicamentos: te dará también una pauta de su manejo sentimental.

Clave 19

Invítame a tu mundo

Sus pasiones y sus intereses

> Los razonables han durado, los apasionados han vivido.
>
> Nicolás Sebastien Roch Chamfort

> La pasión es el sexo del alma.
>
> Jean Paul Lebourhis

- La vida de pareja necesita diferencias suficientes entre los amantes para estimularse, pero también las semejanzas suficientes para sintonizarse.
- Al pasar el tiempo, las parejas tienen más problemas por los "bostezos" que por las discusiones.
- Una persona que se involucra con pasión en sus proyectos personales es una buena candidata para pareja.
- Nadie puede hacer feliz a nadie, así como nadie puede cambiar a otro si éste no desea hacerlo.
- Querer complacer o cambiar al otro son "los hijos perversos" del amor.

Por lo general nos acercamos a una persona porque nos gustan sus actitudes, su inteligencia, su atractivo sexual o su cuerpo. Esto genera un deseo que lleva a la interacción y, si hay un intercambio satisfactorio, se pueden crear compromisos con la vida del otro.

Pasa el tiempo y quizás uno de los grandes problemas que enfrentan las parejas no sean las discusiones, sino los bostezos: el aplanamiento, la aburrición y el tedio se dejan sentir en el transcurso de los años y muchos amantes esperan que su pareja genere en ellos algún estímulo, los entretenga y los distraiga. "¿Cómo es que me lié con esta persona tan sosa y poco interesante?"

Querrás compartir la vida con alguien vital, que despierte tu interés y tu curiosidad, que no deje de sorprenderte de algún modo. En una primera etapa del encuentro amoroso el enamoramiento por sí mismo engolosina y llega a confundir. ¡Es tal la idealización y la sintonía que admiras todo e interpretas a tu placer! Pero pasada la intensidad inicial te preguntarás: ¿realmente estoy con alguien interesante, creativo y estimulante?

Pareciera que el reto de vivir en pareja fuera una invitación a estirar un poco nuestro modo de ser, nuestras creencias, nuestras costumbres, desafiándonos a generar algo diferente y más rico en nuestras vidas. Pero una diferencia extrema resultará en algo del todo ajeno o amenazador para nosotros, mientras que "siempre lo mismo" caerá en una pesadumbre y en la saturación. Por eso este juego de "estira y afloja", más o menos consciente, entre similitudes y diferencias, entre conservar y cambiar, mantiene en nosotros una cierta tensión que estimula e invita al cambio, además de evitar un temor desproporcionado que paralice nuestra capacidad de cambio y trunque la posibilidad de un proyecto de dos.

Por eso, para sentirte a gusto con alguien requieres de cierta afinidad en el mundo de los deseos, intereses y valores; una sensación de encuentro, de convergencia. Lograr esta sintonía implica que cada uno haya clarificado de manera previa su postura personal ante la vida. Sería peligroso que uno de los amantes, ante su confusión personal, "se suba al tren" del otro, renuncie o deje de desarrollar su propia vida y adopte el estilo de vida de su nuevo amor.

A veces las mínimas diferencias nos asustan; cierto desconocimiento y sorpresa del otro nos paraliza y buscamos lo extremadamente conocido para iniciar una relación. Esto te pone en el riesgo de que al poco tiempo la relación te parezca parca y poco estimulante. En tal caso no podrás culpar a tu nueva pareja, sino a tu propia elección, por negarte a salir de una zona de confort.

Todos somos únicos, inagotables, irrepetibles, pero debemos reconocer que hay gente francamente aburrida, con una vida pobre en experiencias. Son personas que van dando tumbos y se adaptan a lo que se les presenta, las cuales tarde o temprano, a falta de definirse y definir su vida, acaban por generar tedio y por cansar. Por otro lado, existen personas que se involucran con pasión en proyectos personales y originales, proyectos intensos, creativos y profundamente individuales. ¿Egoísmo? ¿Individualismo? No: ¡proyección a futuro y autonomía! Una persona así sería un buen candidato o candidata para pareja. No confundas a alguien enamorado y comprometido con sus propios proyectos con un ser egoísta e individualista, incapaz de entender la vida de pareja. Alguien autorrealizado es una mejor apuesta, y no nos referimos con esto a un adicto a un *hobbie* o a la vida laboral. Por el contrario, quien tiene una vida comprometida con un ideal, que genera las acciones necesarias para realizarlo, es una persona apasionada, entregada y con posibilidades de implicarse en un proyecto de pareja también estimulante. Cada cosa en su espacio y en su tiempo, convergiendo y sumando.

Hemos insistido en que los amores totales no existen, y cuando pretenden serlo dejan de constituir amor y derivan en rutina y aburrimiento, si no es que en celos y violencia. Una relación con alguien que construye su propio proyecto de vida asegura el espacio necesario para no abusar de la pareja, drenarla y hostigarla; libera al cónyuge de demandas innecesarias, infantiles e incluso abusivas. Nadie puede hacer feliz a nadie, así como nadie puede cambiar a otro si éste no desea hacerlo.

Quizá, cuando el amor florece, se corre el riesgo de querer complacer al amado en exceso, renunciando a las propias convicciones y deseos, o bien se intenta cambiarlo para adaptarlo a los propios anhelos y necesidades. Ambos deseos —complacer en exceso o cambiar al otro— son un camino sin retorno en el sendero del amor, pues llevan a la insatisfacción profunda y a la frustración constante.

Tú eres una persona única, irrepetible e insustituible, con una vida propia a construir de la cual te debes responsabilizar. Tu futura pareja ha de vivirse así también, ya que la creatividad de una persona con metas claras y definidas siempre abre puertas en una relación: estimula, motiva, genera oportunidades.

Quien ha construido un proyecto de vida personal tiene claro cuáles son aquellos intereses, metas y preferencias que guiarán su vida y, por tanto, no se conforma con cualquier relación: desea un encuentro con alguien que sintonice con su proyecto al tiempo que lo desafíe y le aporte áreas de oportunidad.

Pocas cosas desvitalizan tanto la propia vida como convivir con quien no siente ninguna motivación particular: lo mismo le da hacer este o aquel trabajo, conocer a tal o cual persona, viajar a *x* o *z* lugar... Esa personalidad blandengue, poco comprometida, acaba por exasperar.

En cambio, ¿te has contagiado de la energía de una persona motivada? ¿Aquella que encuentra los caminos que la movilizan a realizar las acciones necesarias para acometer sus logros? Este perfil de gente tiene el impulso vital para poner en marcha sus facultades y lograr sus propósitos. ¿No deseas acaso vincularte con alguien interesado por la vida y con la voluntad para emprenderla? Pensar en alguien sin intereses ni voluntad es atarse a un muerto, o bien cargar con un lastre que no se sabe cómo ni cuándo abandonar.

Aprópiate de tres ideas básicas que te ayudarán a lograr un proyecto individual estimulante: *voluntad* para decidir y ordenar la propia conducta; *autonomía* para manejarse en interdependencia pero bajo los principios propios; *propósito* que dé sentido e intención a lo que se hace en beneficio de uno mismo y de los demás. La gente apasionada desarrolla una emoción intensa que engloba el entusiasmo y el gusto por eso que hace. ¿Estás en disposición de ofrecer aquello que esperas de los demás?

PregúntaTE	PregúntaLE
¿Siento que mi vida es estimulante y me abre espacios de disfrute e interés?	¿Cuáles actividades, proyectos o pasatiempos te apasionan?
¿Tengo claro a qué sueños, intereses y valores no renunciaré por una vida de pareja?	¿Cómo visualizas tu vida en cinco y en diez años?
¿Postergo mis prioridades por complacer o cambiar a alguien que me interesa?	¿Cuáles de tus intereses y actividades podrías negociar y a cuáles no estarías dispuesto a renunciar?

- La afirmación de que "los opuestos se atraen" no es tan cierta. Lo que sí ocurre es que nos resulta interesante alguien que, sin ser tan distinto a nosotros, muestra conductas y actitudes similares a las nuestras.
- El reto de vivir en pareja nos motiva a estirar un poco nuestras creencias y costumbres, invitándonos a un desafío que genere un cambio en nuestras vidas.
- Si sólo buscamos lo extremadamente conocido para iniciar una relación, al poco tiempo ésta nos parecerá parca y poco estimulante.
- No obstante, las diferencias no deben ser tan grandes como para resultar amenazadoras para nosotros.

Clave 20

Sin ti no me muero

Cuidarse a uno mismo

> Y de pronto me di cuenta de que después de un tiempo no sólo no me había muerto, sino que la vida volvió a pintarse de colores.
>
> EUGENIO

- Hoy es un requisito pedir a tu posible pareja alguna garantía de salud sexual.
- La ansiedad y la depresión se han convertido en epidemias: en la actualidad, en Estados Unidos setecientas mil personas toman Prozac.
- La ansiedad se relaciona con el futuro y la depresión con el pasado; en la mayoría de los casos la ansiedad antecede a la depresión.
- Los adictos suelen emparejarse con gente como ellos, con lo que generan casi en automático una relación caótica.
- Consumir sustancias pone en riesgo tu integridad física, intelectual y emocional, así como el de la persona que quiera compartir la vida contigo.
- La adicción a los *gadgets* provoca una desconexión con el entorno y una escasa convivencia de la persona enajenada con las pantallas.

Tras un rompimiento amoroso no está de sobra conocer algunas pautas para valorar tu salud física y estado mental antes de continuar el camino. Del mismo modo, es esencial echar un ojo al estado integral de tu posible candidato antes de volver a empezar.

Consideremos algunas ideas básicas de salud. Te recordamos que no somos médicos y que la información proporcionada a continuación es sólo una guía para que consultes, en caso necesario, a un especialista. Profundizar en estos temas, revisando literatura oportuna y profesional, es responsabilidad tuya antes de dar por sentado cualquier diagnóstico propio o de los demás.

Salud física

Enfermedades de transmisión sexual

Quizás una de las mayores preocupaciones, cuando tu vida sexual no se limita ni se ha limitado a una sola pareja, sea la salud sexual. Nunca sobra exagerar este asunto, sin caer por supuesto en ideas moralistas limitantes ni en tabúes y exageraciones sociales. Sabemos que la libertad sexual actual abre la puerta a fantasmas que no existen en estos temas, pero también a realidades que sí hay que considerar en relación con enfermedades de transmisión sexual.

Si tienes algún síntoma extraño y te sientes inquieto por tu estado de salud, no dudes en visitar a tu médico. Tampoco descartes la posibilidad de hacerte unos análisis a manera de revisión general, tanto preventiva para tener la certeza de que estás sano como correctiva en caso de presentar alguna manifestación de enfermedad.

Puede parecer burdo, pero hoy casi es un requisito en las nuevas relaciones amorosas pedir a tu posible pareja alguna garantía de salud sexual: no hay duda que el sida es una amenaza real y el papiloma humano un problema serio y frecuente, entre otras posibles enfermedades transmitidas por el ejercicio de la sexualidad.

A estas alturas del partido parecería innecesario insistir en que el uso del condón es indispensable en los encuentros eróticos de segunda y tercera vuelta, quizá sobre todo al principio de la relación, cuando está por consolidarse y no se han dado garantías de salud. Además, no podemos cerrar los ojos a la posibilidad de que los encuentros amorosos incluyan relaciones sexuales, acordadas o no, con terceros. Sin duda el tema debe negociarse, pero cerrar los ojos a esta nueva manera más abierta de vivir la sexualidad sería un riesgo importante que no sólo pondría en juego tu integridad emocional, sino tu salud física.

Antecedentes familiares

A estas alturas de tu vida acaso ya no quieras tener hijos, ya sea porque ya los tuviste o, aun sin haberlo hecho, no tienes el interés ni la edad ni la inquietud de convertirte en papá o mamá. Tal vez tu caso sea el contrario y te abras a la posibilidad de planear hijos en una segunda o tercera vuelta. El tema se presta a diferencias en las decisiones de una nueva vida de pareja, por lo que nunca se debe dar por sentado, y menos al inicio de una relación.

Si la decisión de tener hijos ya está tomada, es importante que pongan sobre la mesa los antecedentes familiares de salud que sean pertinentes para dicha decisión: enfermedades previas, predisposiciones hereditarias, etcétera. Ello, sin duda, no es fácil de abordar, pero aquí aplica a rajatabla el dicho de "más vale prevenir que lamentar".

La posibilidad de un problema hereditario no significa que necesariamente se termine la relación de pareja ni que en un momento dado no aceptes correr el riesgo medido de tener hijos con esa persona; sin embargo, saber dónde estás parado te dará la oportunidad de decidir cómo quieres actuar.

Antes de un embarazo siempre es una buena idea que ambos se hagan estudios para asegurarse de que se encuentran en un estado de salud óptimo y descartar cualquier problema que quizá con la intervención de un tratamiento médico se pueda manejar.

Enfermedades crónicas

Las enfermedades crónicas pueden resultar evidentes, pero otras veces se pueden ocultar y matizar. Compartir la vida con alguien implica asumir la propia realidad y la de la otra persona, por lo que la existencia de enfermedades que acompañan la vida es un asunto que resulta importante manifestar. La sinceridad y transparencia son necesarias para abordar este tema y evitar malos entendidos. Poner "las cartas sobre la mesa" abre la posibilidad de decidir si están en condiciones de enfrentar juntos tal situación.

Algunas enfermedades crónicas pueden ser muy dolorosas, caras en el tratamiento y, en algunos casos, causar problemas sexuales en quienes las padecen. Es importante abrir el tema para conversarlo y negociar.

Discapacidades

La mayoría de las discapacidades no necesitan de mucha explicación, pero puede haber algunas que no sean tan visibles y, de no ser comentadas, generen malestar en ti o en tu posible pareja.

De manera particular apuntamos a ciertos asuntos de tipo sexual como el de mujeres que no han tenido orgasmos u hombres que no mantienen una erección. Muchos de estos casos se resuelven con tratamiento médico y terapéutico, así como con el cariño del compañero amoroso; no obstante, es importante que ambos se enteren de lo que les sucede para no llevarse sorpresas que se vivan como engaño y estar dispuestos a acompañarse mutuamente en el momento de quererlo trabajar.

Ansiedad y depresión

La tristeza y el miedo son dos de los más grandes problemas de la vida moderna, y muchos estudiosos del tema piensan que estas dos emociones son síntomas de depresión y ansiedad. Algunos investigadores afirman que esto se debe al estilo de vida moderno, donde se prioriza el individualismo, la autosuficiencia y la terrible costumbre de objetivar a las personas.

Lo anterior nos ubica en una paradoja: mientras que histórica y tecnológicamente hablando nos encontramos mejor comunicados, por otro lado nos experimentamos solos y aislados. Esto crea un estado propicio para muchos problemas emocionales. La ansiedad y la depresión se han convertido en epidemias de proporciones inimaginables en nuestro mundo: en la actualidad, en Estados Unidos setecientas mil personas toman Prozac.

Hagamos una pequeña reseña de estos asuntos, ambos grandes males de finales del siglo pasado y de lo que llevamos del XXI.

La ansiedad es una respuesta de nuestro cuerpo cuando interpretamos que existe un peligro para nuestra integridad física, y por supuesto que esta reacción incluye aspectos subjetivos o cognitivos. Los principales síntomas que despliega son taquicardia, sensación de ahogo, temblores —sobre todo en las piernas—, sensación de pérdida de conocimiento o de control, náusea, sudoración, insomnio, así como pensamientos negativos, poco claros y obsesivos.

La depresión, por su parte, se caracteriza por síntomas como tristeza, falta de ánimo, pena, desgano, problemas de sueño, en algunos casos ansiedad y desinterés. Estas manifestaciones impiden a la persona desarrollarse en lo cotidiano de manera normal y por ello afectan todas las áreas de su vida.

La ansiedad se relaciona con el futuro y la depresión con el pasado, y a su vez ambas se relacionan entre sí: en la mayoría de los casos la ansiedad antecede a la depresión.

Es importante que estés atento a los indicadores que te permitan detectar si tú o tu posible pareja sufren de depresión o ansiedad, que a veces son sutiles y se confunden con una vida llena de retos, presiones y agitación. Es muy importante, en caso de reconocer una sintomatología dudosa, que no la menosprecies y consultes a un especialista —terapeuta o psiquiatra— para manejar la situación de manera oportuna y no prolongues sus consecuencias. Recibir ayuda puntual y adecuada mejora la calidad de vida de manera sustancial, así como el bienestar personal y de las relaciones que entablamos.

Adicción al juego o a los gadgets

A veces minimizamos esta nueva forma de adicción por considerar que no genera daños mayores, pero eso es un gran error. Con el paso del tiempo estas adicciones se pueden convertir en un verdadero dolor de cabeza.

Además del riesgo de dejar en la ruina económica a la persona que lo practica, el juego hace que cualquier otra área de la vida resulte secundaria y poco estimulante. Por su parte, la adicción a los *gadgets* provoca una desconexión con el entorno y una escasa convivencia de la persona enajenada con las pantallas.

¡Aún estás a tiempo! No menosprecies las señales que muestren este tipo de vicio y adicción.

Alcoholismo y drogadicción

¡Ojo con otro asunto que no es tema menor! Si tienes un problema de drogas o alcohol, piensa con seriedad en conseguir ayuda profesional antes de buscar pareja. No sería honesto de tu parte iniciar una relación cargando a cuestas un problema tan serio. Quizá te digas: "Lo mío es sólo un consumo social". Si más de una persona ha señalado tu forma de consumir sustancias, no eches en saco roto esa retroalimentación.

El mundo de las adicciones no sólo te impulsará a emparejarte con otra persona que comparta contigo esta tendencia, con lo que generarán casi en automático una relación caótica: consumir sustancias también pone en riesgo tu integridad física, tu desempeño intelectual y emocional, así como el de la persona que quiera compartir la vida contigo.

Si te sientes libre de este conflicto, es muy importante que estés atento, en las primeras salidas con posibles personas que te interesan o muestran interés en ti, en su manera de beber y de ciertas conductas —evidentes o sospechosas— que insinúen la posibilidad de que utilice drogas. La vida junto a un adicto puede ser un infierno: si ya es preocupante que nuestra sociedad se viva, se crezca y se celebre en torno al alcohol, convivir a diario con una pareja con esa problemática equivale a jugar siempre "a la ruleta rusa".

¿Cómo distinguir cuando el alcohol se convierte en un problema? Pareciera que una masculinidad mal entendida invita a los varones a ser "más hombres" mediante el poder, el dinero y el alcohol. Responsabilizarnos de los efectos que causa nuestra manera de beber en nosotros y en los que nos rodean es tomar las riendas de nuestro problema para aplicar las medidas pertinentes en cada situación y seguir gozando de un consumo saludable.

¿Sabías que el alcohol etílico es una sustancia química muy parecida al éter? Una dosis muy pequeña constituye un sedante; una mayor producirá excitación y agitación; si la aumentas un poco obtendrás un efecto anestésico y, finalmente, una dosis fuerte puede resultar mortal. Lo primero a destacar es que negar o minimizar que el abuso del alcohol tiene efectos corrosivos imposibilita un consumo placentero del mismo.

El alcohol genera adicción. Sin embargo, es delicado diagnosticar un problema de alcoholismo sin con ello estigmatizar al paciente. Enumeraremos los patrones más significativos de esta adicción para que los tengas presentes, pero por el hecho de conocerlos no dejes consultar a un profesional:

1. Patrón psicológico de uso: estados frecuentes de intoxicación, incapacidad para abandonar o reducir su uso a pesar de las complicaciones.
2. Desórdenes de conducta hasta el punto de interferir con la salud, con el funcionamiento social, con las relaciones interpersonales y con la capacidad de trabajo.
3. Duración mínima del trastorno de por lo menos tres meses.
4. Dependencia física evidenciada tanto por la tolerancia como por la abstinencia. Lo que de manera popular llamamos "aguantar el alcohol" puede ser uno de los primeros indicios de riesgo.
5. Dependencia psicológica por la sensación que produce su uso.

Por otro lado, el abuso de alcohol tiene un impacto familiar en tanto que genera zozobra y frustración en el interior de las familias. Veamos las razones:

1. Es muy difícil conseguir que una persona deje de tomar, sobre todo si disfruta la bebida o le sirve de ansiolítico.
2. El alcoholismo se ha considerado una "enfermedad" que, por ende, escapa al control del enfermo. Esto pronto se convirtió en una justificación para la inacción y el desvalimiento exacerbado del alcohólico y su familia.
3. Se ha creado el mito de que la bebida es un "hábito social", según el cual el funcionamiento normal del individuo en sociedad requiere cierto grado de consumo de alcohol. Al abstemio se le considera una persona "triste, débil y descor-

tés". Desde este punto de vista, una "verdadera cura" exige que se beba con mesura y regularidad.

Las propiedades farmacológicas del alcohol provocan de manera paulatina que el organismo se acostumbre a funcionar con él, hasta el punto de inducir tolerancia al mismo y, en su ausencia, la aparición del síndrome de abstinencia.

El síndrome de abstinencia es el círculo vicioso donde se instala el alcohólico, y cuando se presenta resulta muy complicado de interrumpir. Al principio del consumo se busca el placer o el alivio que produce la sustancia; al final lo que está en juego es evitar el sufrimiento.

Tres ideas a reconocer cuando el alcohol es un problema:

- La persona "aguanta cada vez más", es decir, cada vez bebe mayor cantidad sin que se noten, aparentemente, los efectos. Esto se debe a que el organismo va creando tolerancia a esa droga.
- Si se reduce el consumo de bebidas alcohólicas o se deja de beber de manera abrupta, se experimentan molestias físicas y psíquicas tales como temblor, náuseas, ansiedad, irritabilidad, etcétera. Se trata de síntomas de abstinencia que desaparecen al tomar una bebida con alcohol.
- En ocasiones la persona se esfuerza por beber de manera moderada o incluso intenta dejar de beber por sí misma, pero no lo consigue.

Mi posible pareja tiene un problema con el alcohol, ¿qué puedo hacer?

1. No te "adaptes" a los cambios que se producen en ti aparentando que "todo va bien" ni pensando que "ya se solucionará".
2. No pretendas protegerlo encubriendo los problemas ni responsabilizándote de su bienestar.
3. Infórmate sobre el alcoholismo.
4. De preferencia, sal corriendo y no inicies una relación.

La drogadicción

La drogadicción es una enfermedad muy particular debido a su característica crónica o de larga duración, a su progreso y a sus recaídas. Se caracteriza por el uso indebido de cualquier tipo de drogas con fines que no corresponden con aquellos para lo que se han prescrito, si es que existe una prescripción. La drogadicción causa problemas físicos, psicológicos, sociales y financieros. El consumo de drogas produce modificaciones del comportamiento y reacciones que siempre comprenden un impulso irreprimible por tomarlas.

Al hablar de dependencia nos referimos al uso compulsivo de una sustancia. Hay que diferenciar la dependencia física de la psíquica: en la primera se presenta el síndrome de abstinencia cuando se suspende el consumo, y en la segunda éste no se presenta. Sin embargo, el individuo siente una imperiosa necesidad de consumirla; de no hacerlo, se produce un desplome emocional.

Esto significa que el adicto lo seguirá siendo mientras viva, es decir, que el individuo se rehabilitará para vivir sin consumir la droga, y de allí en adelante será un adicto en remisión: no la estará usando, pero para mantenerse en ese estado tampoco podrá bajar la guardia: deberá persistir.

Consecuencias de la drogadicción

El abuso de sustancias por lo general deteriora o destruye las relaciones amistosas o íntimas: el consumo de la droga penetra y se hace más imperioso que el gusto por la convivencia y la interacción personal. Las drogas generan un estado de "bienestar inmediato" y "necesidad continua" que deriva en que la persona adicta deje de participar en el mundo, abandone metas y planes, olvide su crecimiento personal y detenga su convicción de resolver problemas de manera constructiva. Usa el consumo como estrategia de "solución".

El abuso de las drogas tiene un impacto en las personas que se relacionan con el adicto. Por ejemplo, la inversión económica que implica la ingesta puede privar a la familia de satisfactores vitales. Discutir los problemas y situaciones de la adicción puede generar conflictos familiares. Las reacciones violentas generadas por las drogas pueden llevar al usuario a cometer asaltos o, peor aún, asesinatos, por no decir una interacción permanentemente conflictiva con las personas cercanas: la relación con la familia, amigos o pareja se altera; aparecen discusiones frecuentes; hay desinterés sexual; la comunicación se interrumpe; surge una pérdida de confianza, alejamiento físico y emocional, entre otras cosas.

En relación con el mundo laboral, cuando una persona tiene una adicción suele restarle tiempo a su trabajo para buscar la droga o recuperarse de su uso: acostumbra llegar tarde, ser menos productivo, bajar la calidad de sus tareas o incluso llega a perderlo. Conseguir y usar la droga se acaba convirtiendo en la meta más importante, así que los adictos se vuelven egoístas y egocéntricos; sólo ellos mismos importan, así como su consumo de sustancias.

El alcohol y las drogas siempre han existido y seguirán existiendo; sin embargo, el consumo indiscriminado se ha manifestado con fuerza en las últimas décadas hasta transformarse en un problema psicosocial en aumento: cada vez hay más personas que consumen algún tipo de droga, en mayores cantidades y a edades más tempranas. No dejes que este asunto se apodere de tu vida, ya sea por las propias elecciones en relación con tu consumo, ya sea por la poca importancia que pongas en el tema a la hora de escoger tu siguiente relación.

Trastornos de la personalidad

Aunque este libro no tiene objetivos de carácter académico, consideramos indispensable describir para ti los signos más visibles de los trastornos de personalidad. La lectura de esta guía te servirá para estar atento a algunas manifestaciones y tener precaución a la hora de elegir. La presencia de ciertos rasgos "extraños" de personalidad en un posible candidato a pareja te permitirán poner distancia a tiempo, o bien, si lo eliges, buscar apoyo profesional.

Los trastornos de la personalidad se caracterizan por patrones de percepción, reacción y relación inflexibles y socialmente desadaptados. Aunque las personas tendemos a responder siempre del mismo modo ante una situación difícil, en caso de una respuesta ineficaz solemos intentar otro camino en busca de una mejor decisión. En contraste, las personas con trastornos de la personalidad son en extremo rígidas, no se adaptan a la realidad ni buscan mejores salidas a los problemas, lo cual no sólo debilita su capacidad de responder a los problemas, sino a los desafíos básicos de la vida. Sus patrones desadaptados de pensamiento y comportamiento se evidencian al principio de la edad adulta, o antes, y suelen durar toda la vida. Son personas propensas a generar problemas en sus relaciones sociales, interpersonales y en el trabajo.

Quienes padecen estos trastornos por lo general no están conscientes de que su comportamiento o sus patrones de pensamiento son inapropiados; por el contrario, a menudo creen que sus patrones son normales y correctos y tratan de someter a su entorno de acuerdo con sus parámetros de percepción y acción. Esto es sumamente doloroso y riesgoso para quienes conviven con ellos.

1. Personalidades paranoides: proyectan sus propios conflictos y hostilidades hacia otros. Por lo general son fríos y distantes en sus relaciones. Tienden a encontrar intenciones hostiles y malévolas detrás de los actos inocentes y positivos. A menudo las suspicacias conducen a conductas agresivas o al rechazo por parte de los demás. Intentan acciones legales contra otros, en especial si se sienten indignados. Son incapaces de ver su participación en un conflicto.

2. Personalidades esquizoides: son personas introvertidas y solitarias, emocionalmente frías y socialmente distantes. A menudo están absortas en sus propios pensamientos y temen la aproximación e intimidad con otros. Hablan poco, son dadas a soñar despiertas y prefieren la especulación teórica a la acción práctica. La fantasía es un modo frecuente de enfrentarse a la realidad.
3. Personalidades histriónicas: buscan llamar la atención y se comportan como si estuvieran actuando. Sus formas de expresarse tienen como resultado establecer relaciones con facilidad, pero de un modo superficial. Las emociones a menudo aparecen exageradas, actuadas o infantilizadas en busca de atención —con frecuencia atención erótica—. Son proclives a los comportamientos sexualmente provocativos o a sexualizar todas sus relaciones. Sus comportamientos seductores a menudo encubren un deseo de protección. Muchos son hipocondriacos y exageran sus problemas para conseguir atención.
4. Personalidades narcisistas: tienen un sentido de superioridad y la creencia exagerada de que valen mucho; pueden ser en extremo sensibles al fracaso y a la crítica y, cuando se les enfrenta a un error, ponerse rabiosos o deprimidos. Esperan ser admiradas y piensan que todos los envidian. Sienten que merecen que sus necesidades se satisfagan de inmediato y por ello explotan a otros cuyas necesidades consideran menos importantes. Se muestran egocentristas, arrogantes o mezquinas.
5. Personalidades antisociales: en otros tiempos eran llamadas psicópatas o con personalidad sociópata; la mayor parte de estos individuos son hombres. Su conducta muestra un desprecio insensible por los derechos y los sentimientos de los demás; explotan a otros para obtener beneficios materiales o gratificación personal. Toleran mal la frustración y, en ocasiones, son hostiles o violentos. A pesar de los problemas o el daño que causan, de manera típica no sienten remordimien-

tos ni culpa. Racionalizan con cinismo su comportamiento o culpan a otros. Sus relaciones están llenas de deshonestidades y engaños. Es frecuente que sean adictos al alcohol, a drogas, a desviaciones sexuales y a la promiscuidad. Tienden a meterse en líos y a ser encarcelados. Por lo general fueron descuidados emocionalmente durante la niñez y con frecuencia sufrieron abusos físicos en sus años de formación. Tienen una esperanza de vida inferior a la media.

6. Personalidades límite: la mayor parte son mujeres. Se muestran inestables en la percepción de su imagen, su humor, su comportamiento y en sus relaciones interpersonales, las cuales son conflictivas, tormentosas e intensas. Con frecuencia necesitan ayuda debido a su depresión, el abuso de alcohol, la alteración del apetito y el maltrato recibido. Tienden a mostrar una ira inapropiada e intensa. Pueden mostrarse desesperadamente impulsivas, implicándose en promiscuidad o en el abuso de sustancias tóxicas.
7. Personalidades evitadoras: son hipersensibles al rechazo y temen comenzar relaciones por la posibilidad de no ser aceptados. Tienen un fuerte deseo de recibir afecto y de ser aceptados. Sufren por su aislamiento y falta de habilidad para relacionarse cómodamente con los otros. Ante el rechazo, se presentan tímidos y retraídos. Esta personalidad es similar a la fobia social.

Todos los seres humanos, de una u otra manera, podemos presentar algunos rasgos semejantes a los descritos en los diferentes trastornos presentados. La diferencia entre un rasgo de comportamiento y desarrollar un trastorno de la personalidad radica en la rigidez con que la persona responde a las condiciones de vida, las permanentes alteraciones en el razonamiento y el comportamiento, y la facultad de reconocer la realidad.

Seamos cuidadosos para no convertirnos en psicólogos y psiquiatras ambulantes ni etiquetar de manera permanente toda conducta que se salga de lo "normal", pero no por eso dejemos de escuchar esas "alertas internas" que nos hacen reconocer cuando algo anda verdaderamente mal.

Enfermedades psicológicas

Llamamos enfermedades psicológicas a los desórdenes o trastornos del cerebro que alteran la manera de pensar y sentir de la persona afectada, al igual que su estado de ánimo y su habilidad de relacionarse con los demás. Las enfermedades psicológicas disminuyen la capacidad de una persona para afrontar las exigencias normales de la vida diaria. Son causadas por desórdenes químicos del cerebro debido a un sinfín de factores, desde predisposiciones genéticas hasta situaciones de estrés mal manejadas, historias de vida complejas poco trabajadas y difíciles de conciliar.

1. Neurosis: es un malfuncionamiento del sistema nervioso. No hay lesión física ni alteración de la personalidad. Las principales neurosis son la ansiedad y la obsesión por evitar situaciones peligrosas. Ejemplos de ellas son el pánico, la fobia social, el desorden compulsivo-obsesivo y el estrés postraumático.
2. Hipocondría: la persona hipocondriaca canaliza las ansiedades, las preocupaciones y los pensamientos obsesivos para convencerse de que tiene una enfermedad física. Estos individuos siempre están preocupados porque piensan que tienen una enfermedad y gastan dinero visitando médicos, aunque éstos, tras revisarlos, indiquen lo contrario.
3. Ansiedad: se manifiesta como una preocupación incontrolable, irritación, distracción y dificultad para aprender. Se acompaña de miedo, dificultades para dormir, sensación de ahogo, malestar en el pecho, temblor, ganas de salir corriendo y taquicardia.

4. Depresión: si bien ya hablamos de ella, diremos de nuevo que es un problema emocional grave en el que el individuo no deja de sentirse triste, vacío y sin ayuda ni esperanza. Las personas deprimidas sufren de ansiedad e irritabilidad, falta de motivación y una pérdida de placer. Experimentan problemas con el apetito y el sueño. Algunas personas deprimidas tienen pensamientos suicidas.
5. Demencia: disminución o deterioro generalizado de las facultades intelectuales, como la pérdida de memoria, de la atención y del pensamiento abstracto. Uno de los ejemplos de demencia es el Alzheimer.
6. Violencia: si bien hablaremos de ella en toda una clave de este libro, no podemos dejar de definirla en este apartado como el uso de la fuerza y el poder de manera ilegítima para someter o controlar a otros que por lo general se encuentran en un estado más vulnerable respecto al que somete, ya sea por la edad, sexo, fuerza física o relación de parentesco. Este sometimiento utiliza métodos que por lo general causan un grave daño físico o emocional en la persona contra la que se ejerce.

Insistimos que, como dice el dicho, "de poetas y locos todos tenemos un poco". No juzgues de manera ruda, pero observa y siente con atención. Te recordamos que todos los seres humanos tenemos un poco de todo, por lo que sólo un especialista podrá hacer un diagnóstico para detectar una situación de enfermedad severa. Sin duda la convivencia cotidiana te permitirá detectar rasgos exacerbados de los que te debes cuidar.

Esperamos que los párrafos anteriores te den la pauta para estar atento a ti mismo y al entorno, para mirar con curiosidad y detectar de manera oportuna asuntos a prevenir, atender o descartar.

Pregúnta<u>TE</u>	Pregúnta<u>LE</u>
¿Cuánto tiempo le dedico a actividades físicas que beneficien a mi cuerpo?	¿Qué deporte practicas? ¿Visitas esporádicamente al doctor?
¿Hay personas que me dicen que tengo algún tipo de adicción?	¿Qué piensas del uso de sustancias y del consumo de alcohol?
¿Considero que mi carácter, más que ser difícil, puede implicar algún trastorno de personalidad?	¿Hay conductas de tu carácter que te rebasan y llegas a dudar si las puedes manejar?

La convivencia cotidiana te permitirá detectar rasgos de los que te debes cuidar al empezar a convivir con alguien. No te conviertas en psicólogo ambulante al etiquetar toda conducta que salga de lo "normal", pero no dejes por eso de escuchar las alertas que te hacen reconocer cuando algo anda mal.

- La existencia de enfermedades se debe manifestar: compartir la vida implica asumir la realidad propia y la de la otra persona.
- ¡Atento a los indicadores que te permitan detectar si tú o tu posible pareja sufren de depresión o ansiedad!
- En caso de una sintomatología dudosa, consulta a un especialista, terapeuta o psiquiatra.
- Si tú eres el que tiene un problema de drogas o alcohol, piensa con seriedad en buscar ayuda profesional antes que a una pareja.

Clave 21

Palabras, palabras, palabras…

¡Se busca con quién conversar!

Háblame para que yo te conozca.
SÉNECA

No conozco otra manera de hacerse deseable que la de hacerse mejor.
ANTONI BOLINCHES

- Quien es auténtico al comunicarse tiene la capacidad de provocar un encuentro verdadero.
- Los farsantes y los charlatanes se descubren tras un periodo de convivencia y atención.
- Un buen conversador no fuerza los encuentros: despierta el interés del otro de forma natural.
- Si estás satisfecho contigo mismo y con tu vida, serás ameno y tendrás mucho de qué conversar.
- No se trata de hablar mucho, sino de hablar bien y de escuchar también.

El bisabuelo de mis hijos decía: "Cásate con alguien con quien puedas platicar", y sí, nos sumamos a su exhortación diciéndote: "haz pareja con alguien que sea un buen conversador". Si bien en la clave 11 ("Decir o hacer. Acciones más que palabras"), afirmamos que el peso de las acciones desbanca la dulzura de las palabras; en éste agregamos que, tras una conducta basada en la autenticidad, suma a una persona con la que puedas debatir, reflexionar, cuestionar, analizar, deducir, intercambiar. Alguien con un don sensato para el diálogo no sólo resulta entretenido y atractivo, sino también interesante y estimulante en el ámbito intelectual.

Somos seres racionales y el lenguaje da cuenta de ello. Desarrollado hace miles de años entre nuestros antepasados, el lenguaje verbal muestra una diferencia central entre nosotros y los demás seres vivos: nuestra capacidad para abstraer y conceptualizar, a modo de dar nombre a las cosas, generar significados y crear vínculos.

Es por medio del lenguaje como comunicamos emociones e ideas para facilitar las relaciones humanas y el entendimiento de unos con otros; conversando podemos expresar nuestros pensamientos y externar nuestros afectos y deseos, así como conocer los de los demás.

Si echamos un ojo a la historia veremos que el propósito inicial de esta herramienta oral fue la competencia y el éxito reproductivo. Hoy, en un mundo con otras necesidades, ser un buen conversador también presenta ventajas a considerar.

No hay duda de que la inteligencia constructiva, la simpatía en general y una personalidad sólida son cualidades esenciales para generar una relación amorosa duradera, pero todos estos atributos se despliegan y comparten en buena parte a través de las palabras. No te estamos invitando a elegir a alguien que hable y hable, como si el silencio en sí mismo estuviera de más o fuera amenazante: te exhortamos a distinguir entre las personas que hablan mucho y aquellas que hablan bien.

La clave estaría en encontrar a alguien que por su inteligencia tenga algo que decir; que por su determinación y deseo de relacionarse lo quiera compartir; y que gracias a su voluntad y empeño lo sepa transmitir. ¿Es mucho? Sí, pero verás que es muy necesario.

El timbre, el tono y la intensidad de la voz tienen un peso fundamental en el gusto por la compañía. El timbre da una personalidad particular al que habla, el tono marca la fuerza y la intención del mensaje que da, en tanto que la intensidad hace al interlocutor audible, escuchable, interesante. Quizás el atributo más difícil de modificar sea el timbre, así que aquel con voz aguda, destemplada, grave o lúgubre así se quedará. ¡No hay *ticket* de devolución!

Por suerte, las palabras no son sólo voz, sino también contenido, y el contenido en sí mismo marca la pauta para continuar con una relación. ¿Lo que dice es interesante, estimulante, inteligente? ¿El contenido es congruente con la personalidad de quien lo dice? Pareciera que aquel que sabe quién es y cómo pararse ante la vida genera más congruencia al hablar. Un buen conversador habla desde sus más sinceros deseos y posee la habilidad de comunicarlo de tal modo que lo reciba su interlocutor.

¿Has experimentado la cálida sensación de conversar con alguien cuyo discurso tenga la propiedad de mover tus sentimientos? Alguien que logra mover tu afectividad desde la autenticidad es porque cuenta con la capacidad de conectar con sus propias emociones e ir más allá de la frialdad, logrando una sintonía, un intercambio, un encuentro de verdad. No temas caer en manos de un farsante: si has hecho ya un trabajo personal, los bravucones y los charlatanes se descubren tras un periodo de convivencia y atención.

Un buen conversador no fuerza los encuentros, más bien despierta el interés del otro de forma bastante natural. Observa algo que quizá, sin ser una generalización, tienda a concordar con la realidad: la gente exitosa y suficientemente satisfecha suele ser buena conversadora y desarrolla la habilidad de comunicarse de manera espontánea e integrada y de conectarse con los demás. ¿Has experimentado el placer de estar al lado de una de ellas? ¡El tiempo vuela cuando estás a su lado!

¿En qué te debes fijar? Revisa si el tema no es un espejismo… ¿Realmente son asuntos de interés común o alguien de los dos actúa como si "le interesara"? Los temas superfluos y banales cansan: las críticas agrias, los chismes constantes, las banalidades…

Otra cosa importante a notar es el interés de tu interlocutor no sólo por mostrarse o pavonearse frente a ti, sino de generar un intercambio en el que tú también estés involucrado o involucrada. Nota su interés por escucharte y conocerte. ¿Te pregunta, te escucha, te da la palabra? Los que hablan de ellos, por ellos y para ellos en busca de lucirse, al final aburren. Detectar esto requiere de pocos encuentros. Las personas muy narcisistas se delatan casi a la primera cita.

Nada sustituye los periodos de tiempo suficientemente largos para crear una relación, sobre todo una de intimidad. Compartir espacios extensos conversando facilita la creación de lazos sólidos, pero no sólo eso: el tiempo resulta fundamental para descubrir la coherencia, la congruencia y el fondo de las palabras que externa tu interlocutor o interlocutora.

Por esto no nos cansaremos de decirte que la charla no sólo ha de ser amena, sino que debe generar en ti credibilidad y confianza. ¡Hazle caso a tu intuición! Y también constata la información si algo no te hace sentido. Pasar el tiempo en compañía del otro te permitirá aterrizar sus palabras y ver aspectos de su personalidad que no aparecen en breves charlas. Ya ves que "del dicho al hecho hay un gran trecho". Una conversación continua revelará tarde o temprano las mentiras y las contradicciones.

Quien usa el humor y tiene la capacidad de contar anécdotas, citar libros, narrar historias, sumado a su acervo cultural y a su experiencia de vida, aporta al diálogo una riqueza particular.

Te parecerá increíble lo que llegarás a aprender de conversaciones que, sin "elaboraciones churriguerescas", fluyen en un ir y venir de preguntas y respuestas que se enlazan como una danza dentro de la conversación. Estos intercambios facilitan el desarrollo de un tema, el rebote de una serie de ideas, y permite a quienes charlan no sólo mostrar su forma de pensar, sino influirse de manera mutua y deliberar.

Y no olvides: tenemos dos oídos y una boca; por tanto, hay que usarlos el doble de veces: "Quien habla sin escuchar, mal futuro puede pronosticar". Evita a quienes no te escuchan, a quienes responden de manera negativa o agria a cada comentario tuyo, a quienes se quejan, se burlan y reclaman sin aportar ideas, a quienes muestran desagrado permanente tanto con palabras como con gestos y silencios.

Dale la vuelta a los que te digan "ajá" y no muestren interés en lo que dices. Quien te conteste siempre de manera escueta y no haga el esfuerzo por entenderte no quiere o no tiene la capacidad de sostener una conversación contigo. Si alguien trata de rebajarte, de la manera que sea, con burlas, interrupciones o gritos, es alguien que no sabe manejarse en el respeto y la igualdad. Otro fiasco podría consistir en relacionarte con alguien que utilice un lenguaje rimbombante y rebuscado, incluso presuntuoso y fuera de lugar, pero trivial y vacío: "Mucho ruido y pocas nueces".

Y no olvides la importancia de que te mire y de que lo haga a la cara, pues una mirada profunda, conectada y amorosa, aunada a temas interesantes, es un camino seguro para construir y enamorar. ¿Te late? ¿Sí? ¡Pues entonces sí!

PregúntaTE	**PregúntaLE**
¿Mis discursos corresponden a mis acciones?	¿Con quién de tu familia te gusta dialogar?
¿Escucho lo suficiente para entender a mi interlocutor?	¿Consideras que la burla y la ironía son otras maneras de usar el sentido del humor?
¿Pienso en lo que diré o hablo y hablo para llenar espacios de silencio?	¿Qué temas de conversación consideras relevantes en tu vida?

Por sus palabras los conoces...

- Quien se conoce a sí mismo genera más congruencia al hablar.
- La clave consiste en encontrar a alguien que por su inteligencia tenga algo que decir, por su deseo de relacionarse lo quiera compartir y por su empeño lo sepa transmitir.
- ¿Lo que dice es interesante, estimulante, inteligente?
- Los temas superfluos y banales cansan: las críticas, los chismes, las banalidades...

- Evita a quienes no escuchan, a quienes responden de manera negativa, a quienes se quejan, se burlan y reclaman sin aportar.
- Quien usa el humor posee cultura y experiencia de vida: sin duda aportará una riqueza particular al diálogo.

Clave 22

Conmigo bien, con otros "regus"

Sus amigos y sus enemigos

> Hay que elegir a los amigos por su elegancia y su belleza; a los simples camaradas por su manera de ser, y a los enemigos por su inteligencia.
>
> OSCAR WILDE

- "Dime con quién andas y te diré quién eres": observa a los amigos de tu prospecto y sabrás cómo es él o ella.
- No te confundas: al inicio todos se muestran "excelentes", pero la calidad de sus amigos y el trato con sus enemigos te darán pistas para decidir.
- Los compañeros de juventud dan muestra de dónde viene. Sin satanizar, recuerda que se puede cambiar pero que algo permanece.
- Es importante saber de sus enemigos para conocerlo en momentos de crisis y dificultad.

Amigos

"Dime con quién andas y te diré quién eres": pocas frases te serán tan útiles para elegir pareja como ésta. Sin duda, las relaciones amistosas de una persona te darán información muy valiosa sobre quién es, qué cosas valora y cómo vive y proyecta su vida. Considerar diversos ámbitos relacionales te permitirá hacer un perfil del posible candidato a pareja. Para facilitar el análisis dividiremos a los amigos por la antigüedad de la amistad, la cantidad de amigos y la calidad de las relaciones establecidas con ellos.

Antigüedad

Cuando pensamos en nuestros amigos, por lo general los dividimos en las amistades de la infancia y juventud, y en los que conocimos en la edad adulta. Casi siempre los que conocimos en la infancia son muy cercanos en cariño e incondicionalidad: nos conectan con nuestro pasado y conocen nuestra historia. Observar a los amigos de antaño de la persona con quien sales te hablará del tipo de juventud que vivió y del estilo de vida que ha llevado, lo cual sin duda lo construyó en la persona que es hoy.

Si estos amigos fueron serios, aburridos, reventados, tomadores, machistas, peleoneros, cariñosos, etcétera, te darás una idea del contexto al que perteneció y de la evolución de su vida. Observar esto es interesante, pues si partimos de la base de que "los iguales se juntan", verás cuánto ha cambiado tu candidato o si continúa siendo par de las primeras amistades y conserva ese estilo de vida particular.

A los amigos de la edad adulta los escogemos por lo general desde otra perspectiva: elegimos a personas con quienes compartimos actividades propias del ciclo de vida. Por ejemplo, papás de amigos de nuestros hijos con quienes nos acompañamos en la crianza de los mismos, o bien personas a las que les gustan los mismos *hobbies* y con quienes generamos espacios de diversión. Incluso con colaboradores del trabajo con quienes nos acompañamos para nuestro desempeño laboral y el logro de metas profesionales.

Si observas a los amigos actuales de la persona con que sales o deseas salir, te darás una idea bastante precisa del tipo de vínculos que forma y de lo que valora en las personas y las relaciones cercanas. Sin duda, conocer a las amistades de tu posible pareja te dará información valiosísima sobre su personalidad, sus intereses y sus valores.

Por otra parte, tomar en cuenta la *cantidad* de amigos que tiene no es un asunto menor. No se trata de acumular amistades como si fueran "trofeos", pero contar con un número considerable de relaciones amistosas nos habla de las redes de apoyo que esa persona ha construido y del número de amigos incondicionales con que puede contar. Es fundamental tener cuando menos dos amigos cercanos que nos acompañen tanto en los momentos gozosos de la vida como en las situaciones difíciles a transitar. Por otro lado, contar con una vasta red de amistades permite interactuar con personas de diferentes contextos y formas de ver el mundo, lo cual en sí mismo otorga una riqueza a la propia vida, al tiempo que divide las demandas, las necesidades y los intereses personales entre distintas personas de nuestro círculo social.

Es imposible que una sola persona satisfaga todas las necesidades de otra. ¡Ni una madre —fuera de los primeros meses de vida— puede ser la única fuente de satisfacción para un hijo! Tomar esto en cuenta es central al iniciar una nueva relación, porque los encuentros que en apariencia son "totales", donde la pareja me "completa", "me da todo" y "está en todo", a la larga no sólo constituyen un espejismo, sino que devienen relaciones posesivas, demandantes y controladoras, las cuales llegan a asfixiar.

La *calidad* de las amistades es también un asunto importante. No podemos dejar de enfatizar lo necesario que resulta tener clara la cercanía, incondicionalidad, sensibilidad e inteligencia de los amigos íntimos de nuestra posible pareja. Si son hombres y mujeres en la búsqueda constante de crecimiento emocional e intelectual, confiaremos, con un alto grado de probabilidad, en que el candidato tendrá características similares. El extremo contrario sería ver que sus amigos son machistas, violentos, bebedores, irrespetuosos, llenos de complejos y pocos solidarios. ¿Cómo es que nuestro "interesado" se vincula con estas personas? Sin ser moralistas, ¿desde dónde se apega a este tipo de amistades? Tales observaciones pueden parecerte demasiado obvias, pero si hoy dejas pasar "detalles" de este tipo, en el futuro te puedes sentir atrapado en una relación donde, además de convivir con personas que no te son gratas, descubrirás que tu pareja comparte características similares a sus amigos, las cuales insistías en negar o minimizar.

Enemigos

Iniciemos con otro sabio dicho: "Por sus actos los conocerán". Ya en otra clave mencionamos la importancia de observar los actos de la persona con la que te estás relacionando y no sólo sus palabras. Esto alude tanto a hombres como a mujeres. Sin embargo, por cuestiones de génera es más importante que las mujeres estén atentas a las acciones de los hombres, dado que una estrategia masculina consabida es la de la conquista "verbal". En el momento de ligar, los hombres son bastante cuidadosos de lo que dicen a las mujeres: piensan que tras un buen discurso se justifican ciertas acciones que pueden disgustar.

¿Y por qué de nuevo la insistencia de observar sus actos por encima de sus palabras? Porque si él o ella quieren seducirte, de seguro no te tratarán como a un "enemigo". Buscarán ser cuidadosos con las palabras, pero el conocimiento de ciertas acciones que hayan realizado les hará más complicado defender sus planteamientos verbales y de integridad.

Aparentar con un amigo puede ser relativamente fácil, sobre todo en acciones aisladas que no muestran una constancia en el modo de actuar: pero el discurso, el trato, el manejo con alguien que te lastimó, decepcionó o traicionó difícilmente será disimulado o minimizado, ni en la plática ni el recuerdo, y menos a la hora de encontrarlo y deber actuar.

Se tienen "enemigos" por diversas razones. Muchas de ellas incluso no dependen de nosotros: historias familiares pasadas, atributos físicos, envidias por temas de clase, contexto y oportunidades.

En ocasiones poco podemos hacer en cuanto a estos aspectos: tal vez entender un poco lo acaecido, ser sensibles y cuidadosos ante ciertos asuntos y cambiar la percepción e interpretación que hacemos de esos temas. Sin embargo, la situación cambia cuando nos referimos a los enemigos que se relacionan con acciones concretas nuestras o de los demás: a los que "les hicimos o nos hicieron algo".

Es importante reconocer quiénes son tus enemigos y quiénes los de tu probable pareja: ¿son muchos o unos cuantos? ¿Se deben a acciones o envidias? ¿Acciones propias e intencionales o situaciones ajenas a la intención o a la voluntad? No es lo mismo alguien que te desprecia o ataca porque te tiene envidia que alguien a quien hayas dañado seriamente. También es distinta una enemistad por estar atrapados en una relación de la que ambos son responsables, a otra por acciones de abuso y maltrato de uno hacia el otro.

Al mismo tiempo es importante saber si tú eres el que está atado en el tema de la enemistad o si el asunto se relaciona más con la interpretación y el manejo del otro. Con un trabajo profundo, y al reconocer tus errores, resolverás la mayoría de los conflictos con tus enemigos. No se trata de rehacer la relación, como si nada hubiese ocurrido, sino de aceptar y reparar tus faltas sin dejar asuntos pendientes y sin actualizar. Al hacer un cierre en el momento oportuno y de manera constructiva cierras círculos, "limpias tu casa de enemigos" y continúas la vida en forma más fácil, ligera y menos riesgosa, tanto en lo físico como en lo emocional. Además, obtendrás una ganancia en autoestima, porque un adulto maduro y realizado posee la capacidad de manejar situaciones conflictivas sin minimizarlas y evadirlas, sino al negociarlas, aclararlas y en caso necesario repararlas.

Hablando del posible candidato, saber sobre sus enemigos entraña para ti un valor fundamental: te dará muchísimas pistas sobre qué tipo de persona es y cómo afronta la adversidad y las crisis. Todos hemos conocido a personas que se expresan de una manera muy agresiva de sus enemigos y reconocen —e incluso alardean— del trato que les han dado. Nos desagrada relacionarnos con personas capaces de agredir a sus enemigos en lo físico, emocional o económico. Como hemos dicho antes, hoy puedes ser amigo o novio incondicional de alguien con rasgos beligerantes y vengativos, y piensas que a ti, porque te quiere, nunca te "atacará". Nunca sabrás a ciencia cierta qué te depara la vida, e iniciar una relación con alguien que en relaciones pasadas no se ha sabido manejar sienta un precedente que debes considerar.

Muchísima gente, al separarse o divorciarse de su pareja, descubre la faceta más amarga y dura de esa persona, y es justo en esos momentos cuando se deja ver la valía e integridad con la que cuentan. De ahí la importancia de valorar toda la nueva información de la persona que estás empezando a tratar, sobre todo en cuanto al manejo y resolución de sus conflictos y el lugar y modo en que acomoda y trata a la gente con la que ha tenido desencuentros, rompimientos, diferencias... Clarificarte en estos temas te puede evitar infinitos dolores de cabeza en el futuro.

En el tema de los enemigos se puede ver con bastante precisión la capacidad de las personas para manejar las contradicciones de la vida, así como la flexibilidad al abordar los problemas. Alguien que se expresa de una manera en que todo debe estar bien o todo está mal, donde los otros son "perfectos e incondicionales" o "malos y despreciables", es decir, donde los grises no existen, puede convertirse en el futuro en un verdadero conflicto. Esta postura polariza y obliga de alguna manera a los que están a su alrededor a tomar una postura radical: "Estás conmigo o contra mí".

Sin duda, a lo largo de la vida uno puede experimentar problemas con distintas personas por diversas razones: un desacuerdo de trabajo, un rompimiento amoroso, una amistad decepcionante... pero vivir rodeado de enemigos habla más de la persona que los tiene que de su entorno social. Por su parte, otro dato que aporta información sobre las personas es la manera como se expresan de ellos durante los pasajes dolorosos de la vida: no es lo mismo señalar lo reprobable de un acto de manera puntual a hablar con odio y venganza de quien nos causó dicho dolor. No superar el trauma de un evento lastimoso y "odiar para siempre al enemigo" habla más del tipo de vida emocional que se lleva y de los vínculos generados, que de las características de la vida y de la persona en general.

Si tu candidato a pareja tiene muchos enemigos y se expresa muy mal de ellos, has de saber que el pronóstico es malo; si terminas la relación con él, existe una alta probabilidad de que te conviertas en un enemigo más. ¡Que no te sorprenda cómo te trate y lo que piense de ti en el futuro! Mejor pregúntale hoy cómo terminó la relación con su ex para escuchar de qué manera se expresa, qué pleitos tuvo, cómo fue la separación, qué tanto resolvieron o qué tan dañada sigue la relación. Si sigue siendo su enemigo o enemiga tendrás una idea más clara sobre cómo negocia y convive con quienes entra en un tema de diferencias y terminación.

Si estás iniciando una relación, elige a alguien que, al ser claro en sus principios y valores, no sea implacable y cruel con sus enemigos, ya que todos, antes o después, nos podemos equivocar y decepcionar a nuestra pareja. No te confundas: al inicio contigo será una excelente persona, pero la calidad de sus amigos y el trato con sus enemigos te dará muchas más pistas sobre quién es ese sujeto en realidad.

PregúntaTE	**PregúntaLE**
¿Cómo es la relación con mis amigos del pasado y cómo es con los de hoy? ¿Cambiaría algo de ellos o cambiaría de amigos?	¿Qué es lo que más te une a tus amigos?
¿Tienes redes de apoyo que te permitan sentirte segura y acompañada?	Cuando tienes un problema, ¿sabes con quiénes cuentas de verdad?
¿Puedo cerrar círculos pendientes con algún enemigo y, si es necesario, reparar o perdonar?	¿Cómo es que te enemistaste con *x* y qué piensas hacer de esa experiencia y esa relación?

Dime con quién andas...

La antigüedad, la calidad y la cantidad de amistades de tu prospecto te darán la pauta para saber con quién te estás involucrando:

- Ten clara la cercanía, incondicionalidad, sensibilidad e inteligencia de los amigos íntimos de tu posible pareja.
- Si se relaciona con gente que está en busca de crecimiento emocional e intelectual es una buena señal.
- Al elegir a alguien con rasgos beligerantes y vengativos con los demás es un error pensar que a ti, porque te quiere, nunca te "atacará".

Clave 23

¡Sálvese quien pueda!

No es mal humor, es violencia…

> Ahora sé que te he lastimado más de lo que nunca imaginé. No era sólo la violencia. Te culpé de todo con lo que yo no podía lidiar. Yo siempre tenía razón y te traté como basura. Te hice cargar todo lo que yo no podía enfrentar. Abusé de tu amor y todo el tiempo fui tan débil para pensar que era yo quien había sido fuertemente dañado.
>
> Carta escrita por un hombre violento a su esposa

- En las sociedades patriarcales se privilegia una jerarquía basada en la dominación y no en la igualdad y la colaboración.
- La violencia tiene que ver con el poder, la fuerza, el control y la posesión.
- ¡Cuidado! Muchos hombres violentos son seductores, amorosos y buenos en la cama, por lo que amor y violencia pueden formar parte de un mismo pastel.

¿Sabías que más de 90% de la violencia es ejercida por los hombres contra otros hombres, mujeres y niños? Tanto hombres como mujeres podemos ser víctimas de ésta, pero debido a las estadísticas en particular las mujeres deben estar atentas a la hora de elegir pareja para no tener que ser "salvadas" en un futuro.

Lo primero que debes saber es que si la persona que te gusta para pareja tiene un "carácter fuerte" es muy probable que sea violento.

¿Cómo distinguir si el posible candidato a pareja es violento, está pasando por un mal rato o sólo tiende al mal humor?

En la clave 11 dijimos que la mayoría de los hombres saben muy bien cómo "hablar" y enamorar a una mujer. Esto se agudiza en el caso de los hombres violentos. Es justo en la etapa de inicio de la relación cuando mostrará su mejor cara para que te enamores de él y después sea capaz de controlarte.

Observa, de preferencia antes de enamorarte, cómo se comporta el futuro candidato con personas que tienen menos poder que él —indígenas, meseros, empleados, trabajadoras domésticas, mujeres, niños y animales—; cómo se expresa de las mujeres en general y, en caso de ser mujer, cómo trata a los varones. Si está divorciado, cómo se comporta con la madre o con el padre de sus hijos.

Ahora bien, si tu posible pareja te ha amenazado o intimidado —ni qué decir si te ha empujado o golpeado—, no hay duda de que se trata de una persona violenta. Lo ideal en un caso así sería que te alejaras, lo cual sabemos que, si bien no es nada fácil, resulta más factible antes de generar un vínculo amoroso o una relación. La mayoría de las mujeres se quedan con hombres violentos no por problemas emocionales o mentales, sino porque el violento les corta las redes de apoyo y se apodera de su energía mental para que se sientan incapaces de tomar decisiones. ¿Te ha ocurrido algo así? Es como si alguien se metiera en tu mente e invadiera tus pensamientos, y midieras todas tus acciones en función de él. El miedo y la dependencia que genera una persona así son muy difíciles de superar sin la ayuda de una red de amigos o un profesional.

Existe un experimento para probar lo difícil que es salir de la violencia. Se trata de una muestra muy cruel que ejemplifica lo que le sucede a una mujer violentada:

- Se mete a un perro a un cuarto dividido a la mitad por un muro de cuarenta centímetros de altura. En el lado donde se encuentra el perro, el piso tiene un sistema mediante el cual se activa corriente eléctrica para que el perro sienta "toques". El animal, desesperado, busca una salida, brinca la barda y siente alivio, ya que en la otra mitad del cuarto no recibe la descarga.

- Después de un rato se regresa al perro a la primera mitad del cuarto, se activa la energía eléctrica y el perro brinca la barda. Esto se repite varias veces hasta que llega un momento en que no es necesario poner la corriente para que el perro se pase a la otra mitad del cuarto.
- Lo siguiente que se hace es ampliar el muro hasta cerca de dos metros. Se le dan los toques al perro y durante mucho tiempo éste intenta brincar la barda sin éxito. Al cabo de unas horas el animal se da por vencido: se acuesta en el piso, con lo que la superficie de contacto es mayor y el sufrimiento se incrementa, pero ya no tiene la fuerza para levantarse.
- Acto seguido se le baja la barda a cuarenta centímetros, pero ya no intenta pasar a la otra mitad del cuarto. El perro está exhausto, derrotado y sin ningún incentivo para moverse y salir del dolor que le causa la constante descarga de energía eléctrica.

A muchas mujeres que han sido víctimas de violencia les sucede algo parecido: como resultado de un condicionamiento violento, desisten de toda liberación. Esperamos que nunca llegues a la violencia extrema. Hay maneras de prevenir que esto ocurra. Lo primero consiste en revisar algunas definiciones:

- La violencia es el uso de la fuerza y el *poder* de manera ilegítima para someter o controlar en repetidas ocasiones a otros que, por lo general, se encuentran en un estado más vulnerable del que la aplica, ya sea por edad, sexo, fuerza física, situación económica, raza o relación de parentesco. Este sometimiento utiliza métodos que normalmente causan un grave daño físico o emocional en la persona contra la que se ejerce, y le da privilegios y poder al que lo ejecuta. Por tanto, la violencia se relaciona con el poder, la fuerza, la repetición y el género.

- ¿Cómo logra la sociedad "reclutar" a los hombres para que se comporten de esa manera? La *homofobia* es el perro guardián del patriarcado y de todos los rituales de género que describimos con anterioridad: ante la posibilidad de parecer mujeres u homosexuales, los hombres niegan sus partes femeninas y alardean de las masculinas. Esto tiene costos altos tanto para hombres como para mujeres, pero aun así la fuerza social —ya sea de manera sutil o explícita— los arrastra a actuar así. Por ejemplo, lo heterosexual es social y legalmente deseado, mientras que la homosexualidad o cualquier conducta afeminada se califica de manera despectiva, con lo que se hace creer a los varones que tal comportamiento va en contra de lo que representa "ser un verdadero hombre".
- Para terminar con las causas detrás de la violencia masculina, diríamos que los seres humanos, al igual que los chimpancés —¡qué terrible!—, reaccionamos y obedecemos al poder mediante la formación de *sociedades verticales* donde el macho dominante manda y en la mayoría de los casos abusa de su poder. Se privilegia una jerarquía basada en la dominancia y no en la igualdad ni la colaboración.

¿Habías cuestionado antes todo lo que hay detrás de la conducta violenta? ¡Ojo! Tanto la dinámica que se dio en tu familia de origen como la de tu futura pareja te darán las primeras pistas para detectar la posibilidad de enrolarte en una relación violenta. Revisa con nosotros si en ti o en tu pareja hay algunas de las características de las familias violentas:

- Son familias con una *organización jerárquica fija*, que basa su sistema de creencias en las desigualdades naturales. Por ejemplo: la diferencia en poder y jerarquía que pone a los hombres por encima de las mujeres, a los adultos por encima de los niños, a los más fuertes sobre los menos fuertes.

- Familias rígidas y autoritarias con *relaciones de dominación y subordinación.*
- El sistema familiar busca y acaba con la *autonomía* de los más débiles.
- El estilo de relación familiar se basa en los *modelos tradicionales dominantes y machistas.*
- En estas familias se oscurece, dificulta o imposibilita distinguir *el abuso y el maltrato* en las relaciones cotidianas.

Antes de seleccionar pareja, pon atención en el comportamiento del posible candidato, y si detectas que utiliza de manera constante algunas de las acciones que enumeraremos, te sugerimos que salgas corriendo para no sufrir los estragos de una vida tocada por la violencia.

A continuación te damos una lista de treinta y cinco acciones a observar en ti o en tu pareja para no involucrarte en una relación violenta:

1. Insultos.
2. Abandono.
3. Celos.
4. Negligencia.
5. Infidelidad como muestra de poder.
6. Amenazas.
7. Control.
8. Ironía.
9. Sarcasmo.
10. Burla.
11. Desprecio.
12. Intimidación.
13. Abuso emocional.

14. Aislamiento.
15. Desvalorizaciones.
16. Explosiones verbales.
17. Gritos.
18. Golpes en la pared.
19. Lanzamiento de objetos.
20. Negaciones.
21. Descalificaciones.
22. Inducción a la culpa.
23. Manipulaciones.
24. Envidia.
25. Prohibiciones.
26. Abuso sexual.
27. Control con el dinero.
28. Gestos.
29. Abuso contra los animales.
30. Alienación parental.
31. Abuso económico.
32. Discriminación.
33. Abuso contra los débiles.
34. Acciones para hacerte sentir inferior.
35. Privilegios masculinos.

Finalmente te compartimos algunos de los mitos más comunes en relación con la violencia:

1. "Los casos de violencia familiar son escasos: no representan un problema grave de salud en nuestro país". Pues no: cuando menos, algún tipo de violencia familiar se da en ocho de cada diez familias en México y es una de las causas de la violencia generalizada en el país.
2. "La violencia familiar es producto de algún tipo de enfermedad mental": la mayoría es por violencia de género, y sólo en

casos muy contados se trata de violencia producida por un problema neurológico.

3. "La violencia familiar es un fenómeno que sólo ocurre en las clases sociales bajas": ¡nada más falso que esto! La clase media es la que menos sufre de violencia. Las familias de menores y mayores recursos experimentan un alto grado de violencia.
4. "El consumo de alcohol es la causa de las conductas violentas": el alcohol no es responsable de la violencia. No se puede justificar ningún acto de violencia "porque estaba borracho". Lo que sí se observa es que el alcohol y la violencia se correlacionan en muchas ocasiones.
5. "Si hay violencia no puede haber amor en una familia": muchos hombres violentos son seductores, amorosos y buenos en la cama o en otros espacios familiares, por lo que amor y violencia pueden formar parte de un mismo pastel.
6. "A las mujeres maltratadas por sus parejas les debe de gustar; de lo contrario no se quedarían": como lo vimos al inicio de esta clave, esto no es cierto. A nadie le gusta ser maltratado; sin embargo, el maltrato apabulla emocionalmente a la persona para controlarla, por lo que el sometimiento de la misma se confunde con su consentimiento.
7. "Las víctimas de maltrato a veces se lo buscan: algo hacen para provocarlo": nada justifica la violencia. ¡Nada!
8. "El maltrato emocional no es tan grave como la violencia física": es posible sanar las heridas físicas, pero la violencia emocional es muy grave y deja secuelas para toda la vida si no se trabaja el abuso recibido.
9. "El hombre es violento por naturaleza": no, la violencia es aprendida por todo lo ya mencionado en esta clave.

¡No bajes la guardia! Es muy importante estar atentos a estos asuntos que a veces se muestran de manera sutil y se vuelven invisibles; una pareja debe ser un intercambio de amor en la igualdad. Como decía un antiguo comercial televisivo, ¡mucho ojo! para tener un futuro feliz libre de violencia.

Pregúnta<u>**TE**</u>	**Pregúnta**<u>**LE**</u>
¿Mi familia de origen es o fue violenta?	¿Cómo son y cómo fueron tus papás contigo?
¿He sido víctima o he ejercitado alguna de las 35 acciones violentas?	¿Utilizaba o utiliza tu papá algunas de las 35 acciones violentas?
¿Los mitos de la violencia me parecían cosas naturales ?	¿Piensas que a algunas personas les gusta estar en una posición de dominación o sometimiento?

Cómo identificar a un violento

- Observa cómo se comporta con personas que tienen menos poder que él: indígenas, meseros, empleados, trabajadoras domésticas, mujeres, niños y animales.
- Revisa cómo se expresa de las mujeres en general y, si está divorciado, de su ex en particular.
- Revisa si en ti o en tu pareja hay características de las familias violentas: organización jerárquica, relaciones dominantes o machistas, dificultad para distinguir el abuso de las situaciones cotidianas.

Clave 24

Amores nuevos, amores mejores

Si de amar se trata…

> Te quiero como eres. Tal vez no respondes a lo que yo esperaba, pero prefiero tu realidad a mis sueños.
>
> Compte Sponville

- En la actualidad el malestar amoroso es una constante entre solteros y entre casados...
- Es inevitable equivocarse una y otra vez; lo inaceptable es no aprender nada de las equivocaciones anteriores.
- No buscamos lo mismo en una relación a los veinte años que a los cuarenta: cada momento de vida es distinto. ¿Hoy qué quieres?
- Amar siempre significa comprometerse, aunque las condiciones y las características de la relación no sean las de un matrimonio convencional.
- ¿Existe el amor o existen diferentes formas de vivir el amor?

Lo admitas o lo niegues, lo digas o lo calles, de seguro tú, al igual que la gran mayoría de hombres y mujeres, estás inquieto por el rumbo de tu vida afectiva. El malestar amoroso es hoy una epidemia casi generalizada. No se trata de que seas en extremo pesimista y pienses que ya no existen relaciones satisfactorias y que todos los vínculos amorosos están destinados al fracaso. Lo que ocurre es que los retos de la vida moderna —la longevidad que hace que las relaciones se extiendan por décadas en el tiempo, el cambio acelerado en todas las áreas de la vida y la expectativa creciente de satisfacción personal— provoca hoy más que nunca que el mundo del amor sea complejo, contradictorio y difícil de concretar y sostener.

Quizá sigues recriminando a tu anterior "fracaso amoroso" y temes volver a resbalar. ¡No estás solo! La mayoría de quienes vivimos hoy un segundo o tercer amor "ya no nos chupamos el dedo": somos mucho más realistas, mucho más conscientes y sin duda más temerosos y también cuidadosos.

¿Cómo integrar tu vida pasada sin que sea un impedimento para iniciar una relación? Quizá valga la pena comenzar este recorrido siendo benévolo contigo mismo, sin que por eso te muestres en exceso evasivo o autocomplaciente. Tus elecciones amorosas anteriores las hiciste jugando con las cartas que en ese momento tenías a la mano —por tu historia, por tu edad, por tus circunstancias—, y eso estuvo bien. Si analizas con detenimiento lo ocurrido, te convencerás de que hiciste lo mejor que pudiste en ese momento, al ser quien eras cuando iniciaste esa relación.

De seguro tus pasadas parejas respondieron a etapas particulares de tu vida; el tema hoy es no repetir errores. ¡Atención! No dijimos "no cometer errores": es inevitable equivocarse una y otra vez; lo que resulta inaceptable es no aprender de las equivocaciones anteriores.

Hoy tienes más "cartas a la mano" para iniciar un nuevo "juego". Hoy tienes la capacidad de desplegar los recursos adquiridos y de ampliarlos. Hoy puedes aprender del pasado para enriquecer tu presente. Desecha las "cartas" que no te sirven para esta nueva "jugada", adquiere las que te son necesarias y ¡planea tu "juego"! Confía en que el camino que hasta hoy has recorrido te habilita para hacer "más y mejores apuestas" y lograr que el próximo encuentro corresponda a quien eres hoy.

Vale la pena que cuestiones qué significa el amor para ti en esta etapa de tu vida. Es difícil definirlo. De hecho, sería más adecuado hablar de amores y no de un solo tipo de amor. El amor no es único ni estático: si revisas tu pasado y has vivido varias relaciones amorosas, descubrirás cómo tú mismo fuiste creando diversos intercambios según quién eras en cada uno de los momentos en que ocurrieron dichos encuentros. Hoy, con mayor conciencia, cuestiónate: ¿Qué tipo de relación deseas? ¿Qué tiempo puedes dedicarle? ¿Qué convivencia estás dispuesto a aceptar? ¿Hijos? ¿Contrato matrimonial? ¿Hipoteca compartida?

Las experiencias previas y las expectativas del futuro, aunadas a tu edad, tu trabajo, tus necesidades y posibilidades, requieren un tipo particular de relación: ¿Será una relación de acompañamiento y de ayuda mutua? ¿O bien una de compañerismo para realizar alguna empresa? ¿Estás buscando una pareja muy comprometida para crear una familia? ¿O en todo caso un intercambio más emocional, de paseos compartidos y cercanía sentimental? ¿Buscas un espacio para vivir más libre y pasionalmente tu erotismo y tu sexualidad? ¿Quieres un compañero o una compañera que acompañe tu realización personal? Es importante que te hagas estas preguntas y aclares dónde estás parado hoy para no crear falsas expectativas en el otro ni llevarte sorpresas una vez iniciada la relación.

Si bien sabemos que las relaciones amorosas que presentan mayor grado de satisfacción y duración se caracterizan por ser comprometidas, apasionadas e íntimas, cada uno de estos componentes varía de acuerdo a diversos factores a lo largo de la vida. Tan cambiantes somos que incluso una misma pareja a lo largo del tiempo transforma sus requerimientos y deseos, de modo que las tres variables —compromiso, pasión e intimidad— se colocan de manera distinta según las prioridades del momento.

Será una empresa difícil relacionarte con alguien en un "canal amoroso" diferente al tuyo: ¿Cómo organizar tiempos? ¿Cómo elegir espacios? ¿Qué tono e intensidad darle a la relación? ¿Cómo acomodar una nueva familia o bien una familia previamente construida? ¿Dónde colocar el trabajo y los viejos amigos? ¿Qué atender y qué priorizar? De ahí la importancia de entender que no debes ajustarte a un solo modo de concebir el amor: hay muchos modelos y distintas posibilidades para amar.

Las personas no buscamos lo mismo en una relación a los veinte que a los cuarenta o a los sesenta años: cada ser humano es diferente y cada momento de vida es distinto; por eso todos precisamos ingredientes diferentes al construir una pareja.

Afirmar esto no significa que con "tanta versatilidad" el amor deje de ser comprometido: amar siempre significa comprometerse. Sean cuales sean las condiciones y características de la relación, el amor siempre será comprometido. Incluso en relaciones eróticas de corta duración hemos de considerar que somos seres humanos, no objetos de consumo ni de uso y abuso para los demás: los intercambios humanos, aun los esporádicos y con mayor carga sexual, son válidos siempre que estén pactados de manera explícita y consensuados con el otro.

A lo largo de tu vida tu concepto sobre el amor ha cambiado y seguirá cambiando: cada etapa implica incluir nuevas experiencias pasadas y diferentes expectativas a futuro. Integra también con paz el hecho de que es difícil, en pleno siglo XXI, que el amor "se cueza al primer hervor". Por eso muchas parejas no logran estar juntas toda la vida, lo cual no es un fracaso. Se trata de una nueva y no menos dolorosa realidad.

¿Has tenido que desbancar ideas ancestrales sobre el amor que hoy no te resultan útiles ni creíbles? A veces se arrastran conceptos que si bien son dulces y se antojan, en la vida real causan desengaños, malas interpretaciones y problemas: que si el amor es incondicional, que si es real y por tanto eterno, que siempre provoca intensas emociones, que el amor verdadero todo lo comprende y todo lo perdona, que el amor... que el amor... ¿Cuántas de estas creencias no te han generado desencantos y dolores en el alma?

El amor sigue estando idealizado y confundido con el enamoramiento: aún presupuestos de corte romántico imperan en canciones, películas, imágenes diversas, y al ser puestos en la vida diaria acaban por estrellarse con la realidad. Por eso es importante hacer una valoración más real de la experiencia amorosa. Creemos que algo útil para clarificarte sería pensar, más que en definiciones teóricas sobre el amor, en los efectos que produce en ti la presencia amorosa de otra persona en tu vida.

¿Qué efecto generará en ti un amor suficientemente bueno? ¿En qué se manifiesta un buen amor?

- Quizás el primer efecto sería la paz y tranquilidad que experimentes en su compañía: los amores, si bien no son fáciles, sí han de facilitar la vida y dar paz.
- También percibirás que el vínculo amoroso te abrirá puertas: en el intercambio surgen ideas, proyectos, pensamientos y prácticas que favorecen los proyectos vitales de ambos amantes; tus opciones de vida han de aumentar. Un amor que limita y constriñe no es amor. Un amor que te impide lograr tus sueños y vivir tus valores tampoco es un buen amor.
- Un amor lo suficientemente bueno habita en la ternura: transforma la agresión de todo ser humano en muestras dulces de cariño y atención.
- El amor que vale la pena te aportará madurez, desafiará tus paradigmas y te invitará a crecer.
- Por último, un amor auténtico vive en el placer. Y no sólo el placer sexual, sino el de todo tipo: el goce, el juego, el disfrute.

En cualquier circunstancia ni el mejor de los amores te exenta de la responsabilidad de cultivar un sano amor propio. Probabilidades de encontrar un buen amor que avanza hacia la madurez requieren que éste sea creado desde la sensación personal de ser valioso, merecedor y competente. Esto no es hablar de "egoísmo", sino de experimentarte como un ser lo suficientemente completo y autorrealizado para tener mucho que dar en vez de mucho que demandar. Si depositas en el otro todas tus expectativas y deseos, te restas responsabilidad y no sólo facilitas un fracaso amoroso, sino que en caso de rompimiento será para ti mucho más difícil de superar.

¡No te precipites a la hora de tomar elecciones! Clarifica qué quieres y reconoce lo que el otro espera de una nueva relación. ¡Ojo!, si tu terminación anterior es reciente, querer curar aquella herida de manera prematura sería un error: un "clavo" no saca a otro "clavo". ¡No seas de los que te lías con rapidez con alguien porque la mayoría de las veces confundes el sexo con la necesidad de cariño y amor!

No te aferres a que la relación "ahora sí dure para siempre". No es que minimices el amor y lo consideres "desechable", pero tampoco intentes "asegurar" que nunca más te equivocarás. Todas las relaciones amorosas cumplen un ciclo y se terminan, ya sea por una separación o bien por la muerte de alguno de los miembros de la pareja. Amar de manera dependiente es afirmar a cualquier costo: "Nunca nos dejaremos de querer".

Las buenas relaciones son para disfrutarlas; las malas, para terminarlas. Se pueden evitar sufrimientos innecesarios, aprender del fracaso y enriquecer la vida afectiva. Las relaciones que empobrecen o las relaciones violentas no valen la pena. Sobra decir que aquellas parejas que duran toda la vida lo hacen porque temen salir de su zona de confort o bien porque en realidad se disfrutan pues fueron actualizando las características de su compromiso de manera periódica, saldaron cuentas pendientes, desecharon lo que no les funcionaba y reconstruyeron su relación.

No olvides que el factor tiempo es indispensable para cocinar una relación enriquecedora: un buen amor no se da de la noche a la mañana: el conocimiento, la comprensión y el acoplamiento en una pareja requiere tiempo. Tan sólo transformar el enamoramiento en amor es todo un proceso. ¡Qué decir de la construcción de un modelo amoroso a tu medida! Hoy menos que nunca existen esquemas probados. Las parejas requieren crear su propio modelo y modificarlo en el tiempo: cuestionarlo, actualizarlo, matizarlo, de modo que ambos sientan que el espacio compartido vale la pena y cada día se digan: "Hoy te vuelvo a elegir".

Encontrar a alguien no es el punto de llegada de tu recorrido amoroso, sino tan sólo el inicio de un camino que estás por construir y transitar.

PregúntaTE	PregúntaLE
¿Tengo claro lo que no quiero repetir y lo que necesito priorizar en un nuevo amor?	¿Sientes haber superado tu pasado rompimiento amoroso?
¿Reconozco "ideas" del amor que responden poco a la vida real?	¿Qué has aprendido a lo largo de tu vida amorosa?
¿Estoy abierto a probar nuevos modelos amorosos comprometidos?	¿Qué significa para ti vivir en pareja hoy?

Busca el amor ideal para ti, hoy

- Hay conceptos de amor que en la vida real causan desengaños:

  – Que es incondicional.
  – Que es eterno.
  – Que siempre provoca intensas emociones.
  – Que todo lo comprende y perdona.

Si buscas un nuevo amor, ¡no vuelvas a caer en creencias que sólo generan desencantos y dolores!

- Distingue qué quieres:

  – ¿Un espacio para vivir más libre y pasionalmente tu erotismo y tu sexualidad?
  – ¿Una relación para autoconocerse y recuperar la confianza?
  – ¿O un acompañante para compartir tu realización personal?

- Las experiencias previas y las expectativas del futuro hacen que hoy requieras un tipo particular de relación.

Clave 25

Hombres, mujeres y niños

Igualdad o puro cuento

> Una mentira repetida mil veces se convierte en una verdad.
>
> Joseph Goebbels

> Detrás de todo gran hombre hay una mujer sorprendida.
>
> Anónimo

- La igualdad es hoy un tema central para crear una relación satisfactoria y con buen futuro.
- Contra lo que se piensa, el machismo no es una característica individual en algunos hombres, sino una *forma de relación* que pretende el dominio sobre los demás.
- Una relación amorosa requiere de dos personas que se sientan cómodas, sin necesidad de renunciar a partes importantes de ellas mismas.
- Las mujeres hoy saben que el amor no tiene por qué cerrarles puertas: se puede amar sin subordinarse a otra persona.

Nos atrevemos a afirmar que hoy las relaciones amorosas, en particular entre hombres y mujeres, se encuentran en transición. Insistimos en que los múltiples cambios sociales derivados de la revolución sexual, el movimiento feminista y el lento pero sostenido debilitamiento del patriarcado se dejan sentir en el seno de las relaciones heterosexuales. Por su parte, las relaciones homosexuales se fortalecen, y con la mayor permisividad sexual y el respeto a la diversidad se manifiestan de manera abierta y desafían sus propios retos. Tanto hombres como mujeres, homosexuales y heterosexuales, formamos un colectivo desorientado que arrastra los efectos de una sociedad machista donde la competencia y la descalificación contra lo femenino prevalece.

Nunca sobra decir que el machismo, contrario a lo que mucha gente piensa, no es una característica individual en algunos hombres, sino una *forma de relación* que pretende el dominio sobre los demás —no sólo contra las mujeres, sino también contra otros hombres, niños o subordinados—. En una sociedad machista todos los somos en cierto grado —no sólo los hombres—, y hacemos uso de "nuestra superioridad" con mayor o menor intensidad en las relaciones en que ostentamos más poder.

La sutileza del machismo actual nos dice que su estrategia se manifiesta mediante conductas imperceptibles y al parecer "inocuas": por medio de una mirada penetrante, por ciertos gestos que no requieren articular palabra o en la simple falta de atención. La persona que recibe estas conductas se siente disminuida, retada o ignorada; sin violencia ni disputa se establece "mágicamente" una relación desigual en la que alguien domina al otro.

Las mujeres han sido pioneras en el impulso del cambio. No hay duda de que la transformación la genera quien ha vivido en la desventaja y la sumisión. A nuestros talleres de pareja y de solteros, separados y divorciados, asisten por lo general más mujeres que hombres: pareciera que ellas se muestran más ávidas de saber, de crecer, de cambiar, al tiempo que la sociedad no les permite saber más, "entender" más ni mejor. Esto no es raro si entendemos que han permanecido por siglos en el silencio y la subordinación. Muchos hombres se molestan cuando hacemos notar esto: afirman que "el machismo ya no existe" y "que las mujeres hoy abusan igual o más de los hombres"; incluso les da por mencionar las diversas desgracias de las que son víctimas. Sin duda, el colectivo masculino atraviesa una etapa difícil, pues ha tenido que soltar el poder sin desearlo, sus privilegios han disminuido y enfrenta la necesidad de cambiar.

Una relación amorosa requiere de dos personas que se sientan lo suficientemente cómodas en el encuentro, sin necesidad de renunciar a partes importantes de ellas mismas para lograrlo. Si nos vamos a la historia, comprobaremos con facilidad que las mujeres han sacrificado proyectos propios en aras de la estabilidad de la pareja y la familia; hoy el colectivo femenino es consciente de que el amor no tiene por qué cerrar puertas y de que se puede amar sin subordinarse a otra persona. Esto no quita que tanto hombres como mujeres deban asumir el hecho de que la construcción de una vida de pareja es una elección que conlleva ciertas renuncias: quizás hoy más que nunca, con la infinidad de avances tecnológicos y científicos y una inmensidad de recursos que facilitan conseguir lo que se quiere y aminorar la incomodidad al instante, las personas pensamos que siempre todo se puede. ¡Gran error e inmensa fuente de frustraciones! Toda elección conlleva una serie de limitaciones y renuncias en busca de un bien mayor. Por eso la necesidad de buenas negociaciones y el logro de acuerdos no deja de ser central en una convivencia entre dos.

No podemos dejar de insistir en que el modelo amoroso donde el hombre domina y la mujer es dominada hoy está en decadencia; por otro lado, una nueva propuesta más igualitaria no está bien definida y estructurada, menos aún aceptada en la cotidianidad. Pero no hay duda: si las relaciones del futuro no son simétricas, ya no lo serán. ¡Tal cual! Se acabó la era de las imposiciones y se inicia el tiempo de negociar. Esta realidad no vista ni asumida es producto de infinidad de desencuentros amorosos.

El machismo se puede definir como un conjunto de creencias, actitudes y conductas que descansan sobre tres ideas básicas:

1. La polarización de los sexos, es decir, una contraposición de lo masculino y lo femenino según la cual no sólo son diferentes, sino mutuamente excluyentes.

2. La superioridad de lo masculino en las áreas consideradas importantes por los hombres.
3. El imperio de ciertos valores que se consideran masculinos. Por eso el machismo tiene definiciones sobre qué significa ser hombre y ser mujer, así como toda una forma de vida basada en ello.

Hoy está mal visto el machismo al estilo de la novela *Arráncame la vida*, de Ángeles Mastretta; sorprende escuchar a Andrés Ascencio decirle a Catalina, su esposa, ante sus comportamientos diligentes y oportunos: "Ah, qué lista, ¡hasta pareces hombre!" Quizás Ascencio, como muchos otros, compartía con Schopenhauer la creencia de que "las mujeres son animales con cabellos largos e ideas cortas". Hoy cualquier hombre que se jacte de tener un grado básico de "cordura social" se cuidaría de mostrar dicho abuso e irreverencia. El machismo actual se despliega de manera más invisible, mediante un sinfín de conductas sutiles, incluso para los propios hombres, pero que dejan entrever, por sus efectos relacionales, lo lejos que estamos de conquistar la tan anhelada equidad.

¿A dónde puede llevarnos reflexionar todo esto? No se trata de despreciar a los varones ni de ensalzar a las mujeres. Queremos notar que hoy, más que nunca, se requieren nuevos modelos amorosos que abran posibilidades al ansiado encuentro que de seguro tú, como la mayoría de la gente, quiere generar.

¿Por qué los varones se desafían para ver quién es "más hombre"? ¿Por qué es tan insultante para un hombre ser comparado con una mujer? Pareciera que no se hacen hombres con la misma naturalidad que las mujeres se constituyen como tales. ¿Cuál es ese "extra" que hace del varón un "hombre de verdad"? Eso que "les falta" es justo la intrincada esencia del machismo: un ideal masculino que enfatiza la dominación sobre las mujeres, la competencia entre los hombres, la exhibición de agresividad, la búsqueda frenética de conquistas sexuales y la imperiosa necesidad de exhibir sus rasgos "viriles": valor, indiferencia al dolor, etcétera, junto con un desprecio más o menos abierto hacia los valores considerados femeninos.

Las mujeres que viven a su sombra piensan que es un problema personal de sus parejas, colegas o jefes y lo justifican diciendo: "Es un poco brusco, es muy exigente o tiene carácter fuerte", y agregan: "Es que tuvo un papá distante, su mamá fue muy dura con él o así son los hombres". Cabe mencionar que incluso muchas mujeres confunden hoy una oportuna liberación y lucha por los más elementales derechos humanos, al incluir en su repertorio de vida conductas igualmente machistas, lastimosas y abusivas.

Como hombre, ¿te sientes desubicado, temeroso y no entiendes cómo colocarte en las relaciones de pareja? Como mujer, ¿estás resentida, enojada y te envalentonas alejando a quienes posiblemente te acompañarían? El tema de la igualdad y el intercambio verdadero es indispensable para crear una relación satisfactoria y con buen futuro. ¿Cómo harás para integrar esta idea y vivirla sin tanta contradicción y dificultad? Quizá reflexionando en los efectos de las relaciones desiguales en la psique de la persona y en el seno de la interacción: sensación de poca valía, temor al encuentro, deseo de huir de la relación, monotonía, falta de ilusión, insatisfacción permanente…

Quizás incluso en tu último rompimiento de pareja te habrás dado cuenta de que el discurso que destaca en los "fracasos" amorosos consiste en afirmar que "ya no hay valores ni compromiso", que la gente sólo quiere pasar un buen rato al lado de alguien y al menor desencanto prefiere terminar. Sin duda, ambos temas abren toda un área de estudio dentro de una sociedad que tolera poco la frustración y no sabe posponer la gratificación, pero el desencuentro de las parejas de hoy va más allá de estos presupuestos que por lo general se plantean con poco conocimiento y desde una perspectiva trivial, incluso en ocasiones con una rígida carga moral que poco aporta a la comprensión y resolución del problema.

La esencia de las relaciones amorosas del presente pretende lograr un acompañamiento entre los miembros de la pareja, un encuentro que se caracterice por la fortaleza, el intercambio y la igualdad. En contraste, no hace tantos años las parejas se creaban con el objetivo de reproducirse, producir y sobrevivir; este pasado reciente, cuando los roles de género eran rígidos, sigue permeando de manera invisible y silenciosa la vida cotidiana. Son pocas las personas que distinguen los matices y sutilezas que implica la igualdad en una relación: conductas, miradas, modos de hablar, acuerdos, distribución de tareas, compartir responsabilidades. No es raro escuchar aún: "Yo sí la dejo trabajar, siempre que no descuide a los niños", o bien: "Me sacó de viaje, es una buena persona". A veces, en asuntos tan sutiles como quién puede interrumpir a quién en una conversación, quién pone los temas de diálogo a compartir, quién elige los espacios de diversión, etcétera, se muestra la falta de equidad de las relaciones amorosas.

Como mujer, ¿sigues esperando que un hombre te mantenga, te "consienta" y te dé el estatus que por ti sola "no puedes lograr"? Como hombre, ¿sigues buscando a una mujer que te admire, te atienda, se encargue de la casa y te dé seguridad en lo afectivo y relacional? Si es así: ¡mal pronóstico! Intentar sostener esquemas tradicionales que ya no operan genera mucho malestar: las mujeres están hartas de encontrarse relegadas a las labores del hogar y el cuidado total de las relaciones, y los hombres están cansados de ser vistos como seres fríos y distantes, proveedores invencibles e incansables. Falta mucho por recorrer, pero es momento de empezar.

La mayoría de los casos de parejas que recibimos en terapia son relaciones colapsadas por el uso de roles rígidos, que no operan más. Aun las parejas que "de común acuerdo" eligen una diferenciación de roles por el "bien" de los hijos y la familia tienden a saturarse, a experimentar un malestar difuso y permanente, y en ocasiones llegan a enfermar sin entender por qué y acaban claudicando.

No sólo las mujeres sufren los efectos de este esquema desigual. Después de divorciarse muchos hombres ya no se quieren volver a casar, pues temen seguir siendo los únicos encargados del tema económico, tanto en su pasado hogar como en la nueva relación. Rehúyen, y con razón, comprometerse a mantener a otra pareja y quizás a otra familia por segunda o tercera ocasión.

¡Qué importante es considerar esas afirmaciones respecto a que la naturaleza masculina consiste en proteger y proveer, y la femenina en ser sensible, cuidar y mediar! No hay duda de que hombres y mujeres somos diferentes; nuestros cuerpos lo muestran para alegría de todos nosotros, pero nuestras almas y corazones son tanto más parecidos que lo que las conductas aprendidas "permiten" experimentar.

Para desafiar roles de género inoperantes, en claves anteriores hemos mencionado cómo se han construido a lo largo de los años: desde pequeñas, a las niñas se les refuerza la expresión de los sentimientos y la importancia de las relaciones interpersonales al desempeñar la función del cuidado de los otros y las actitudes de dependencia. Así, ser una buena mujer consiste más en ayudar a los demás que en ver por sí misma. A diferencia de los hombres, para quienes el trabajo y la familia son complementarios, para la mujer la profesión y el hogar son dos áreas en contraposición y con frecuencia en conflicto.

Muchas mujeres se miden en términos de lo que dan, sin importar si esto implica sacrificarse o depender. Incluso nos atrevemos a decir que las mujeres de hoy, con todo el movimiento que han encabezado, aún no renuncian a enamorarse de alguien a quien tengan que "admirar", pero sin entenderlo como ese reconocimiento que todos hacemos hacia otros, sino desde un lugar de inferioridad que percibe al otro más grande, más fuerte, más rico, más inteligente. Del mismo modo, muchas féminas se ofenden cuando de igualdad económica se trata; no hay duda de que el tema del dinero da para mucho que precisar, pero se requiere equidad en todo, incluido lo económico.

Desde temprana edad, en el núcleo familiar, los hombres aprenden a tener más derechos que las hermanas, a ocupar un lugar de mayor jerarquía y a mandar y exigir. Muchos hombres viven atrapados entre "ser machos o mandilones". Otro dilema masculino es la expresión de los sentimientos. En la clave 18 explicamos con mayor detalle cómo a los hombres, desde pequeños, se les niega el permiso de expresar miedo, tristeza, ternura y cariño. Estos sentimientos son avalados sólo en las mujeres. El entrenamiento vuelve a los hombres expertos en no demostrar sus sentimientos: la única expresión válida y reforzada es el enojo. Lo curioso es que estas premisas, que al parecer les deberían dar fuerza y hombría, tienden al efecto contrario: enajenarlos y aislarnos de su entorno.

Enfocarse en estos estereotipos resulta fundamental para vivir relaciones amorosas más satisfactorias y equitativas. Parece que hoy el único camino hacia la autonomía, el encuentro y la auténtica conexión es el de la empatía y la equidad. Esto sólo se logrará si te permites cuestionar el papel que has jugado como hombre o como mujer en la sociedad en general y en las parejas que has formado de manera particular. De ti depende que este camino de cambio se siga generando. En ti radica la capacidad de crear nuevos modelos amorosos que respondan a las necesidades particulares de la persona que eres hoy. Es tiempo de construir juntos, hombres y mujeres, espacios de igualdad…

PregúntaTE	**PregúntaLE**
¿Consideras que hombres y mujeres gozan de los mismos privilegios y responsabilidades en la vida en general y en las relaciones amorosas en particular?	¿Qué te gusta de ser hombre o mujer y qué cambiarías?
¿Reconoces que las inequidades de género afectaron tus anteriores rompimientos amorosos?	¿Qué papeles te gusta desempeñar como hombre o mujer en la vida de pareja y cuáles no?
¿Tienes claro qué quieres dar y qué quieres pedir en una nueva relación?	¿Te parece que los temas de género son relevantes en las relaciones amorosas actuales?

¡Que haya igualdad en tu nueva relación!

- La igualdad se refleja en las conductas, miradas, modos de hablar, acuerdos, distribución de tareas.
- Como mujer, ¿sigues esperando que un hombre te mantenga, te "consienta" y te dé el estatus que por ti sola "no puedes lograr"?
- Como hombre, ¿sigues buscando a una mujer que te admire, te atienda, se encargue de la casa y te dé seguridad en lo afectivo y relacional?
- El machismo actual se despliega de manera más invisible, mediante un sinfín de conductas sutiles.

Clave 26

Valores, sabores y colores

Lo que realmente le importa

> A un hombre se le mide por sus valores, no por sus riquezas.
>
> Anónimo

> He pasado una vida intentando hacer lo que debería y no haciendo lo que se debe.
>
> Anónimo

- Una elección de pareja que sólo se deja llevar por el atractivo mutuo y deja de lado los valores tarde o temprano se colapsa.
- ¿Qué valoras en tu vida? ¿Qué privilegia como valor la persona con quien te quieres relacionar? Pocas cosas provocan tantos desencantos como los abismos generados por valores distintos.
- Las pequeñas diferencias que hoy observes en el terreno de los valores, sostenidas en el tiempo pueden generar grandes distancias.

¿Cuántas veces no has escuchado decir: "¡Ese fulano no tiene valores!"? Al revisar la conducta del tal fulano, sus acciones pueden ir desde no haber devuelto una llamada telefónica hasta haber estafado a sus papás. La palabra "valores"... ¡Qué término tan poco tangible y a la vez tan indispensable de entender para organizar las prioridades en la vida!

Una elección de pareja que se deja llevar por el simple atractivo mutuo y la disponibilidad del otro, dejando de lado los valores que rigen su vida, tarde o temprano se desencuentra y se colapsa. Quizá pocas cosas provoquen tantos desencantos como los abismos generados por cuestiones de valores.

¿Qué valoras en tu vida? ¿Qué privilegia como valor la persona con quien te quieres relacionar? Compartir valores similares con un compañero amoroso, así como tener claros aquellos en los que existe divergencia, es de gran importancia en el diario convivir y un factor indispensable para el sostenimiento de la vida en pareja.

La vida en general está llena de estrés; en particular, la convivencia de pareja tiene sus propios desencuentros. Los retos propios de la vida y las desavenencias de pareja pueden mostrarte de manera repentina que compartes la vida con alguien muy diferente a la persona que imaginabas cuando la conociste. En los momentos de crisis y en las transiciones importantes sale a relucir la plataforma que nos sostiene y rige nuestro actuar: nuestros valores.

Al hablar de valores no nos referimos a una serie de normas de conducta concretas a realizar, aunque de ellos se derivan maneras particulares de conducirse en la vida diaria. Tampoco hablamos de valores universales como la honestidad, la justicia o la tolerancia, que sin duda son códigos éticos indispensables para la convivencia humana. En esta clave nos referiremos a los valores que matizan y dan color a tu vida, que mueven tu conducta y te señalan qué priorizar a lo largo de tu diario caminar.

A estas alturas de la lectura notarás que todo lo comentado en el libro se va tejiendo y se relaciona entre sí: en la clave 11 mencionamos que la conducta dice más que las palabras. Ahora toca afirmar que la manera de obrar en la vida, las prioridades y el proyecto de vida son reflejo, en buena parte, de los valores que sustentamos.

¿Has tenido la experiencia de esforzarte en algo que en lo personal considerabas valioso y acabaste descubriendo que para los otros no significaba mayor cosa? ¿Te has sorprendido del empeño que alguien pone en una tarea particular a la que no le encuentras mucha razón de ser? Sí, la escala de valores varía entre las personas como resultado de muchos aspectos: su historia, sus necesidades particulares, su etapa de vida, sus intereses y deseos, sus experiencias previas. Cada quien concede valor a un objeto, a un evento, a una persona por considerarlos de utilidad, de prioridad y de importancia con base en sus propios criterios y sus aprendizajes previos.

Existe una gran cantidad de valores: salud, dinero, amor, aprobación social, autoestima, seguridad, estatus, desarrollo personal, expresión, alimentación, cuidado de la naturaleza, sensación de libertad, espiritualidad, amistad… De hecho, casi todo puede ser un valor, si bien no siempre resulta oportuno y constructivo. A las personas las distingue la manera de ordenarlos jerárquicamente, ya que esto denota la importancia particular que se le da a cada uno de ellos.

Parece evidente que no es igual lo material que lo espiritual, lo animal que lo intelectual, lo humano que lo divino, lo estético que lo moral. Así, una clasificación "objetiva" de los valores incluye el criterio de otorgar mayor importancia —y por tanto una categoría más elevada— al valor que perfeccione al hombre en un estadio más "humano". Todos sabemos que la naturaleza humana es compleja, contradictoria y ambivalente, y que hablar de dualidad en los valores y las prioridades se relaciona más con un criterio subjetivo, por el momento y el lugar en que nos encontramos, que por una división objetiva de más importante en la vida: somos seres completos, integrados, y no podemos dividir, más allá de su estudio, los aspectos de nuestra compleja naturaleza y realidad.

Así, el criterio para jerarquizar los valores es muy diverso, no porque haya valores "superiores o inferiores", sino porque no todos marchamos a la par en el camino de la experiencia, del crecimiento y de la autorrealización. Si todos tuviéramos el mismo acceso a las mismas cosas y al mismo poder, sin tomar en cuenta los múltiples factores personales que nos distinguen en tanto seres únicos e irrepetibles, tal vez priorizaríamos las mismas cosas. Influye el contexto social y cultural en el que nos movemos, a través del cual deseamos, nos interesamos y valoramos cosas y situaciones que nuestro ambiente aprecia y fomenta. Sobra decir que a mayor escasez y pobreza se privilegian los valores de supervivencia, quizá más materiales y "básicos" que los de crecimiento y autorrealización. En la práctica cada uno privilegia diversos valores sobre otros: así es y así será.

¿Qué ocurriría si algo que para ti es de vital importancia para tu pareja no significa mucho? No hay dos seres humanos idénticos, lo cual es digno de celebrarse, pero una escala de valores en esencia disonante entre dos personas que desean fincar una relación amorosa generará roces permanentes en las elecciones cotidianas de la vida, causará un desgaste sostenido que deteriorará la relación y detonará una profunda sensación de poca comunión y mucha soledad. Merece la pena que clarifiques qué valores son innegociables en tu vida y en qué podrías flexibilizarte, respetar o bien negociar.

Insistimos en que no te sugerimos lograr una relación donde ambos miembros de la pareja sean iguales por completo: dijimos que esto no sólo es imposible, sino que terminaría por generar un vínculo empobrecedor. La invitación que te hacemos consiste en que no dejes de considerar que tu elección implica coincidir en los asuntos sin los cuales la vida se tornaría caótica e inmanejable para ti. No te precipites para exaltar las discrepancias existentes entre tu posible candidato a pareja y tú. Primero revisa tus propios valores y observa lo que el otro valora con curiosidad. Integra en tu mirada el deseo de entender su perspectiva y su posición.

Te proponemos observar lo siguiente al iniciar una relación:

- Qué cosas son significativas para esa persona.
- A qué ha dedicado los dos últimos años de su vida.
- En qué gasta la mayor parte de su tiempo.
- Qué prioriza cuando gasta su dinero.
- Cómo se relaciona con sus seres queridos y con la gente en general.

Quizá si al mirar poco a poco y en las acciones cotidianas los valores que observas coinciden con los tuyos y con tu etapa de vida, se te facilite decidir si quieres continuar con esa relación. Recuerda que las pequeñas diferencias que hoy observes en el terreno de los valores y que tal vez minimices, sostenidas a lo largo del tiempo pueden generar grandes distancias, a veces muy complejas de manejar. Considera también que observar con curiosidad la perspectiva del otro y valorar sus elecciones puede ampliar tu gama de valores y tu manera de vivir. En otras palabras: puede cuestionarte, desafiarte y enriquecerte.

Ahora toca que revises tus propias prioridades. Clasifica tus valores en tres canastas: los que son esenciales, lo que son funcionales y los que aprecias en tu estilo de vida cotidiano. Tal vez en la canasta de los valores esenciales se ubica la religión, sobre todo si eres muy ortodoxo y muy practicante; la ideología, que incluye principios básicos que rigen tu vida, así como posturas políticas muy definidas; también están la lengua, la cultura y la nacionalidad, cada vez más plural en este mundo globalizado, pero que a la larga pueden ser un factor de profunda divergencia.

Los valores funcionales se refieren al lugar que le das a aspectos como el trabajo y la familia: en el primero la satisfacción laboral, el ingreso, el tiempo dedicado al mismo, los horarios y rutinas, etcétera. Infinidad de parejas se conflictúan por este tema. Por su parte, hablar de la familia implica también el tiempo dedicado a la misma, la importancia de las relaciones y los vínculos que de ella derivan. Por ejemplo, en segundas y terceras relaciones es fuente de agrios desencuentros que uno de los miembros quiera tener hijos y otro no, bien porque ya los tiene o porque no le interesa la paternidad. Aquí también estarían los valores que rigen el comportamiento como la fidelidad, la puntualidad, la veracidad, el amor, el diálogo, la intimidad, etcétera.

Por último, y para una tercera canasta, enfócate en los hábitos cotidianos: el aseo y la higiene personal, el estilo de alimentación —tanto en horario como en cantidad y calidad—, los hábitos de sueño, etcétera. Podríamos agregar la manera de ocupar el tiempo libre: los intereses, el gusto por el arte, la relación con los amigos.

Revisar la afinidad y compatibilidad de estos asuntos facilitará la convivencia cotidiana, la realización de tu proyecto de vida personal y la construcción de un proyecto de pareja en común. Insistimos: no se trata de ser iguales, sino sincrónicos y compatibles.

Dejamos fuera de toda consideración el tema ético no porque no sea importante, sino justo porque quien no tiene una integridad moral en la base de sus conductas queda descartado en automático como candidato de pareja. No hay manera de que salgas bien librado si te relacionas con alguien que traiciona los principios básicos de respeto propio y hacia los demás.

Hablar de valores es hacerlo de elecciones, de una postura ante la vida, de deseos y convicciones. Al mundo de las elecciones entramos gracias a la capacidad de nuestra conciencia que, a diferencia de los otros seres vivientes, nos permite funcionar más allá de los instintos e impulsos. Como seres conscientes hacemos distinciones y privilegiamos unas cosas sobre otras, posponemos, elegimos, evaluamos. Es gracias a la conciencia como puedes autodeterminarte y, por tanto, responsabilizarte de tus acciones.

La vida es una peregrinación, un viaje, en un sentido, una aventura. En este tránsito se presentan ante ti diversas opciones, distintas personas, acontecimientos previstos y eventos inesperados. Como cualquier viaje entraña riesgos: incomprensiones de los familiares, dudas personales, traiciones de los amigos, frustraciones profesionales y fracasos en el amor. Pero también muchas conquistas: el descubrimiento de la amistad, el florecimiento de un encuentro amoroso, el logro de experiencias productivas y el despunte de la sabiduría de la vida. En este ir y venir de acontecimientos elegidos y recibidos con mayor o menor grado de aceptación, quizá la única brújula insustituible sea la escucha interna de tus necesidades, intereses y sueños, traducidos en valores por conquistar. Esta mezcla, proyectada a futuro mediante un propósito, genera motivación y sentido de vida. Dos personas con un claro sentido de vida son, sin duda, "mucho más que dos".

PregúntaTE	PregúntaLE
¿Tengo claras cuáles son mis prioridades en la vida?	¿Qué cosas valoras de manera particular en tu vida?
¿Mis valores discriminan y excluyen o amplían horizontes e incluyen opciones diversas?	¿Cómo distribuyes tu tiempo en relación con las cosas que te importan?
¿Busco a alguien igual para compartir la vida o a alguien que me ayude también a desafiarme y a crecer?	¿Cuáles situaciones difíciles de tu vida han tenido que ver con temas de valores?

Compatibilidad

Compartir valores similares con una pareja, así como tener claros aquellos en los que hay divergencia, resulta indispensable para sostener la vida en común.

- ¿Qué ocurriría si algo que para ti es de vital importancia, para tu pareja no lo es? Una escala de valores en esencia disonante generará roces constantes y un desgaste sostenido.
- Pregúntate qué valores son innegociables en tu vida y en qué podrías flexibilizarte, respetar o negociar.
- No se trata de que ambos miembros de la pareja sean iguales, sino de coincidir en asuntos considerados como vitales.
- Fíjate en sus valores espirituales y familiares, pero también en sus hábitos cotidianos: la higiene personal, el estilo de alimentación, su forma de ocupar el tiempo libre, los hábitos de sueño, etcétera.

Clave 27

Ni tan seguro ni tan incierto

El arte de correr riesgos medidos

> Hay siempre algo de locura en el amor, pero siempre hay algo de razón en la locura.
>
> FRIEDRICH NIETZSCHE

> Quiero amar a una persona que, como la Luna, no esté siempre en mi horizonte.
>
> ANTÓN CHÉJOV

- El transcurso del tiempo, la rutina y la saturación son ingredientes que dificultan sostener un erotismo vivo.
- Demasiada cercanía, demasiada seguridad y demasiado conocimiento desgastan el deseo y la pasión.
- Tanto el amor como el matrimonio son oportunos y constructivos, según lo que desees para tu nueva relación, pero ambos y al mismo tiempo resultan difíciles de conjugar.
- La pareja actual vive una contradicción: tiene la necesidad de una vida estable, al tiempo que no quiere dejar morir la pasión y el erotismo.

Quizás a estas alturas del partido te habrás dado cuenta de que toda relación amorosa implica correr cierto riesgo. El amor en términos generales es poco previsible y difícil de domesticar; la incertidumbre forma parte de él y esto contradice la creencia milenaria de que "el amor todo lo puede y todo lo soporta". No se trata de pensar que debemos vivir en forma permanente "en la cuerda floja", a punto de caer "al precipicio", pero sí de reconocer que, si bien una elección de pareja acertada aumenta las posibilidades de estabilidad, placer y éxito amoroso, nada ni nadie puede asegurarnos un amor sin problemas y menos aún un "amor eterno".

Pareciera que la incertidumbre que tanto malestar genera en la vida de pareja, dado que deseamos tener certezas y seguridades en el territorio del amor, es el único antídoto que previene el desgaste del deseo y de la pasión con el correr de los años. El transcurso del tiempo en sí mismo, con la rutina, la costumbre y la saturación que conlleva, son ingredientes que dificultan sostener un erotismo vivo: demasiada cercanía, demasiada seguridad, demasiado conocimiento desgastan el deseo y la pasión.

La contradicción inherente en la convivencia de una pareja, entre seguridad y novedad, nos obliga a reconocer las diferencias entre el escenario que el amor requiere para vivir y sobrevivir y el escenario que necesita el matrimonio para sostenerse: si bien de algunos siglos para acá hemos intentado ponerlos a convivir en el mismo ámbito, ambos espacios requieren condiciones diferentes para subsistir. Sobra decir que ni uno ni otro es mejor o más deseable: simplemente son diferentes; tanto el amor como el matrimonio resultan oportunos y constructivos según lo que desees para tu nueva relación. Lo ideal es que el amor vivo y pasional se dé en la relación matrimonial. A eso se aspira y en ocasiones se logra, pero al mismo tiempo se observa que muchos casados batallan para sostener una relación viva en el interior de dicha institución.

Todo parece indicar que, últimamente, el tema del matrimonio tanto entre solteros como entre casados ha sido el "caldo de cultivo" de bromas pesadas y dichos lastimosos: "El matrimonio es como un submarino —dice un colega—: puede flotar, ¡pero está hecho para hundirse!" ¿Por qué? ¿A qué se debe esta frecuente saturación matrimonial y el desencanto que genera en muchos de los casados? La clave radica en la creencia de que el amor y el matrimonio son lo mismo, así como en la dificultad de conjugar en la vida cotidiana lo erótico y lo institucional, lo pasional con lo doméstico.

El amor y el matrimonio pertenecen a lógicas distintas:

- El amor *es una relación* y como tal se genera en el intercambio y la convivencia de los amantes. El amor lo construyen las personas que integran ese intercambio y no se somete a normas preestablecidas ni a reglas fijas. El amor pertenece a una *lógica basada en la libertad*, el cambio y la novedad; requiere la igualdad para subsistir: implica posiciones de poder y de oportunidades parecidas que eviten la dependencia de uno y otro amante y que posibiliten la libertad y el intercambio creativo de identidades. El amor requiere cierta opacidad, cierto ocultamiento y distancia: saberlo todo, asegurarlo todo y conocer de más lo marchita, lo apaga… Así, en el amor se favorece lo privado, se estimula el erotismo y se integra una buena dosis de transgresión de lo establecido y del orden social. Sobra describir a una pareja de "amorosos" —como los llama Jaime Sabines— que puede desafiar horarios, intereses familiares, costumbres y normas para conservar y hacer crecer su relación.
- Por su parte, el matrimonio *es una institución* y pertenece a una *lógica social*. Como institución está sometido a derechos y deberes: requiere normas claras, horarios y usos y costumbres aceptados. Por lo general el matrimonio implica convivencia domiciliaria: compartir el mismo techo, la misma mesa… y con ello hijos, familias, pericos, hipotecas y demás… Como institución, el matrimonio requiere certezas "totales", una estructura clara —a veces desigual— con diferencias de roles, actividades, responsabilidades y funciones. El matrimonio se basa en la certidumbre: se sabe qué pasará, con quién, cuándo, cómo y dónde, lo cual, al tiempo que lo hace predecible y "seguro", en la rutina lo vuelve rígido y lleva a sus integrantes a la monotonía y la saturación. El matrimonio se regula

por la ley: hay deberes a cumplir y derechos a exigir, con lo que se deja poco margen para lo desconocido, la exploración, la implementación de nuevas normas y creaciones.

Quizá sientas densa y exagerada la descripción anterior, pero sería suficiente que tras esta lectura reconozcas la distinción entre uno y otro fenómeno para comprender por qué ciertas relaciones terminan en desencanto y frustración. Porque el amor, al que la mayoría de nosotros aspiramos, pide lo nuevo, lo privado, lo pasional, lo único, mientras que el matrimonio —en tanto institución social— busca lo social, lo estable, lo público, lo regulado y, por tanto, lo conservador.

Insistimos en que al hacer esta distinción no afirmamos que uno sea mejor que el otro: tan sólo hacemos notar que son diferentes y que a veces damos por sentado que se cultivan en el mismo espacio y de la misma manera. Si no reconoces esta diferencia ni clarificas qué esperas de una nueva relación, tal vez quieras meter al amor en el esquema del matrimonio o viceversa, sin tomar en cuenta las dificultades que plantea tal intento o bien sin considerar otras opciones amorosas que funcionen en su momento y en tu caso concreto.

De aquí que no sea raro encontrar parejas —quizá como en tu pasada relación— que se casaron enamoradas y convencidas de su elección amorosa, y a las que con el paso del tiempo se les "agotó el amor". Desde el planteamiento hecho en esta clave se observa que el resultado del desencanto, el aburrimiento y a veces incluso la aparición de la violencia no sólo tienen que ver con el correr del tiempo, los caracteres de cada uno de los miembros de la pareja o la mala resolución de los conflictos: en una ruptura amorosa también entra en juego la dificultad de hacer crecer y permanecer el deseo, lo erótico y el amor en sí en un territorio tan doméstico y rutinario, difícil de reconstruir y modificar.

Pocas veces los cónyuges reconocen el mecanismo institucional en el que se encuentran y las consecuencias de dejarse atrapar por lo que marca y señala el "deber ser" del orden social. De este modo la pareja se convence con facilidad de que sus problemas maritales se deben a una disfunción "interna", a una falta de amor o a la presencia de un tercero. Una pareja que atraviesa este *impasse* también puede sentirse defectuosa, fracasada, injusta o enferma: aparecen los reclamos y la lluvia de culpas —hacia sí mismo o hacia el compañero—, lo que los lleva a caer en un círculo de exigencias, demandas, reclamos, celos y, no pocas veces, también de violencia.

Llegados a ese punto, la pareja convertida en institución matrimonial trata de capotear su realidad con dos estrategias distintas, ambas destructivas: se deja influir en extremo por el ambiente que la rodea, introduciendo un exceso de amigos, familia, etcétera, o bien se encierra en sí misma por temor a perderse, al exigir que el otro satisfaga todas sus necesidades. En ambos casos lo que se sacrifica es el amor, pues la verdadera satisfacción de los amantes se da mediante la riqueza de su relación —dentro del mundo, sí, pero en otro sentido también al margen del mundo—. Estar en el mundo, sin perderse en él, entrando y saliendo, adaptándose y desafiándolo, sería la manera de hacer sobrevivir el amor.

Cuando el amor se mantiene vivo, la relación de pareja tiene para los amantes más importancia que el entorno social; esto se ve a la hora de dedicar tiempo, energía y motivación a algo claramente doméstico, más convencional o básicamente productivo, lo cual siempre pesa más que el encuentro amoroso mismo. Por el contrario, las parejas empobrecidas en su interior se llenan de ruido para evitar el vacío impuesto a la hora del encuentro mutuo.

En su libro *Inteligencia erótica*, Esther Perel muestra de manera clara, desafiante y propositiva la manera de superar la aparente incompatibilidad entre amor y matrimonio. Para ella la pareja moderna se organiza en torno al amor, pero quiere tanto de su compañero amoroso que lo sobrecarga de expectativas: amante apasionado, buen socio, padre cariñoso, amigo fiel… La pareja moderna realiza diversos esfuerzos por permanecer junta y busca nuevos modelos poco explorados que permitan mayor libertad e individualidad. Perel explica que otro conflicto de la pareja actual surge de que las personas tienen al mismo tiempo la necesidad de una vida estable, de un compañero comprometido, de continuidad y seguridad, pero a la vez no quieren dejar morir la pasión y el erotismo. Sin embargo, la historia de la pasión y el matrimonio nunca han ido de la mano, razón por la que se ve una constante tensión entre los miembros de la pareja para integrar y reconciliar estas necesidades humanas antagónicas.

Insistimos: existe una contradicción entre erotismo y domesticidad. Contemplar esta realidad es central en la nueva elección de pareja; considerar este dilema permite comprender la complejidad del asunto y clarificar qué se espera de una relación por comenzar. Quizá por eso los modelos amorosos actuales, que evitan la convivencia domiciliaria, abran la puerta a una construcción amorosa más arriesgada y desafiante, pero al mismo tiempo más estimulante, en la cual la distancia del otro y la espera del encuentro mantiene vivo el deseo.

Tal vez la única manera de acortar la distancia de ambos requerimientos consista en tomar en cuenta las siguientes consideraciones:

1. Para que el amor no se ahogue en lo doméstico, lo primero es mantener la propia energía erótica: sentirse vivo, conectado con uno mismo, con el propio cuerpo y la sexualidad. Si alguien se siente muerto por dentro, no importa qué haga el otro: la pasión y el erotismo no florecerán.
2. Luego hay que saber cómo mantener un espacio de juego, de imaginación, de novedad, donde la pareja se comparta como tal.
3. El deseo se mantiene cuando se es más pareja que padres. Los hijos, por hermosos que sean a los ojos de los progenitores, necesariamente rompen el enamoramiento.
4. Estar lejos de sentir que se vive con un hermano o hermana, en una relación filial. No hay nada peor para el deseo que cuando la mujer siente que el marido es su cuarto hijo o cuando el hombre siente que su mujer es como una niña pequeña.

5. La creación de una distancia necesaria, acordada y respetada para ver al otro en perspectiva, extrañarlo, desearlo…

La pareja que logra mantener una relación adulta considera fundamental la independencia. Cada uno mantiene sus propias amistades, su propio mundo. Vivir en cierta opacidad, en cierta distancia, genera ese "espacio vacío" que produce incertidumbre y crea la tensión necesaria para que lo rutinario, lo estable, lo conocido no maten el amor ni la pasión. El punto es que el hombre o la mujer no sientan que su pareja les pertenece, sino que la vivan como un ser individual. Aquí está el corazón mismo del riesgo y de la incertidumbre: Quiero al otro para mí al tiempo que me propongo conservarlo como deseable… ¿Y cómo voy a desear algo que ya tengo asegurado? Manteniendo una cierta independencia y conservando así el misterio del amor.

El amor crece en la presencia, pero el deseo requiere la ausencia… Binomio difícil, pero posible de conjugar…

Pregúnta<u>TE</u>	**Pregúnta<u>LE</u>**
¿Reconozco en mis anteriores relaciones el impacto de la "domesticidad"?	¿Qué es lo que más valoras de una relación amorosa?
¿Qué espero de una nueva relación?	¿Qué escenario requiere un amor como el que valorarías tener?
¿Estoy dispuesto a desafiar esquemas amorosos convencionales en aras de mantener vivo un nuevo amor?	¿Qué tanto requieres certezas absolutas y "contratos" firmados para vivir el amor?

Superar la contradicción del amor

Existe cierta contradicción entre amor y matrimonio. Contemplar esta realidad es central en la nueva elección de pareja: resulta difícil conjugar el erotismo y la domesticidad.

- Cuando el amor se mantiene vivo, la relación de pareja tiene para los amantes más importancia que el entorno social; por el contrario, las parejas ya empobrecidas se llenan de ruido para evitar el vacío impuesto a la hora del encuentro mutuo.
- Quiero al otro para mí al tiempo que me propongo conservarlo como deseable; pero ¿cómo voy a desear algo que ya tengo asegurado? Manteniendo una cierta independencia y conservando así el misterio del amor.

Clave 28

Un camino propio

Mi proyecto de vida personal

> Andamos en el valle, pero con los ojos puestos en las montañas.
>
> Leonardo Boff

- Hay estudios que muestran que quienes actúan a favor de los otros, además de cuidarse a sí mismos, se deprimen menos y disfrutan más.
- Al morir no nos llevamos nada de lo que recibimos a lo largo de la vida, pero sí dejamos nuestras buenas acciones, nuestros logros, nuestra influencia...
- Si construyes una relación amorosa que enriquezca tu camino, al tiempo que sirves de compañía y contención para tu pareja, estarás en el territorio del amor maduro.

¿Has llegado a sentir, quizás en la soledad y el silencio de la noche, una conexión profunda contigo? Probablemente sí, a veces de manera reconfortante y a veces desconcertante, pues de todas las relaciones que entablas en la vida, la única de la que no podrás esconderte y durará para siempre es la relación contigo mismo. Esta relación es posible gracias a tu capacidad como ser consciente: de todos los organismos vivos, el único con la capacidad de relacionarse y dialogar consigo mismo es el ser humano, y esto se debe a la conciencia.

Los humanos no sólo nos damos cuenta, sino que nos damos cuenta de que nos damos cuenta… Sabemos que sabemos, por lo que no sólo somos seres conscientes, sino seres autoconscientes. En esta facultad radica nuestra grandeza y también nuestra vulnerabilidad, ya que gracias a ella entramos en diálogo con nosotros para preguntarnos: ¿quién soy?, ¿qué quiero?, ¿a dónde quiero ir?, ¿me estoy acercando a mis metas? De las respuestas a estas preguntas valorarás si te sientes satisfecho contigo y con la vida que estás construyendo, descubrirás si te sientes motivado y realizado con lo que haces o frustrado y sin ganas de continuar.

La respuesta a las preguntas que nos impone nuestra naturaleza consciente nos enfrenta con otra característica en esencia humana: la libertad, y de la mano de ella la responsabilidad. Ni los instintos ni el sentido común dan respuesta a los cuestionamientos que devienen de la conciencia, cuestionamientos profundamente humanos que sólo se acallan por medio de la negación y la enajenación, pero que tarde o temprano acaban por aparecer, cuestionando el valor y el sentido de nuestras vidas.

La evaluación que deviene de nuestra conciencia nos coloca en el mundo de las elecciones, de las decisiones. Sin duda has experimentado cómo la vida presenta diversas opciones ante ti y, por tanto, día tras día encaras el deseo, la necesidad y la urgencia de elegir: de optar por algo y, por tanto, de renunciar a algo. Incluso cuando pospones o no tomas decisiones te encuentras eligiendo. ¿Eligiendo qué? Que alguien elija por ti, que la vida juegue tus cartas, que debas acomodarte a algo que no partió de tu propia deliberación.

Esta capacidad de elección, que puedes asumir o no, es el sustrato de tu libertad. Pero la libertad no viene sola; siempre opera acompañada de la responsabilidad de tus actos. Ser libre constituye un desafío y al mismo tiempo es la posibilidad de experimentar nuevas opciones si te atreves a soñar, a experimentar y a acometer. Ser libre te obliga a comportarte de acuerdo con lo que quieres, sabes y valoras. Si eliges la negación, la evasión, la enajenación y la mentira, acallarás las preguntas que la vida te hace, pero resulta muy costoso vivir bajo los efectos de la ignorancia: claudicar a la conciencia y a la libertad es dejar que la "vida te viva" en vez de tomar las riendas de tu destino.

De seguro, si eliges darte cuenta y hacerte cargo de lo que descubres, deberás encarar y aceptar la realidad y la verdad que encuentres, por desagradable y dolorosa que ésta sea; ser activo ante lo que ves te impulsará a correr riesgos y a asumir errores para después corregirlos, así como a atravesar el temor y activar la voluntad para caminar hacia la realización personal.

Te preguntarás qué tiene todo esto que ver con la elección de pareja. ¡Mucho! Si no estás claro respecto a quién eres, qué quieres de la vida y qué opciones eliges para llegar a ese lugar, con facilidad privilegiarás encontrar a alguien con quien compartir la vida sin haber diseñado a conciencia tu proyecto personal. ¡Cuántas personas se ven recorriendo un camino que no desean por no haber escogido el suyo!

La vida es un viaje, una aventura: al transitarla se presentan ante ti diversas opciones, distintas personas y, como cualquier viaje, se encuentran riesgos: incomprensiones de los familiares, dudas personales, traiciones de los amigos, frustraciones profesionales y fracasos en el amor. Pero al mismo tiempo la vida te ofrece el descubrimiento de la amistad, un encuentro amoroso, experiencias productivas y la obtención de sabiduría. Puedes planear "el viaje de tu vida", descubrir qué quieres, con qué y con quiénes cuentas, y asumir las encrucijadas que siempre se presentarán conforme avanza el trayecto: ¿a dónde ir? ¿En qué dirección?

Estamos en permanente transformación, lo queramos o no. Siempre es mejor asumir el cambio con anticipación y planeación, y entender que transformarse es la constante en la vida. Cuestionarte qué *quiero*, qué *puedo*, qué *debo*, es una manera de considerar tus *sueños*, tus *posibilidades* y tus *valores*. Esta trilogía generará indicadores que te facilitarán, a través de un diálogo interno y una observación de tu entorno, la elección del camino a seguir: sólo un camino elegido y amado por ti generará el incentivo suficiente para recorrerlo; sólo un camino personal te llevará a un lugar que te reporte satisfacción personal y paz interna; sólo un proyecto propio te permitirá adaptarte a los cambios de la vida sin perder tu brújula.

Tu vida debe ser vivida de manera plena y profunda, y esto sólo se logra, por repetitivo que suene, ¡viviendo!, acumulando experiencias de vida que te hagan crecer y madurar. Tú eres el responsable de los aspectos cruciales de tu existencia, ya que incluso ante los obstáculos externos que te abrumen a lo largo del camino serás libre de elegir la actitud a adoptar para hacerles frente. Una pareja puede acompañarte en el recorrido de la vida: de ella puedes aprender, con ella te puedes acompañar, pero nunca depositarás en ella la responsabilidad de tus venturas y desgracias. Una buena elección de pareja se sumará a lo que ya has elegido: te abrirá puertas y te facilitará superar los tropezones, pero el camino es tuyo y la elección también es tuya. ¡Enhorabuena si vas felizmente acompañado!

Una vida sin sentido es una vida de supervivencia, una vida pobre. Nada ni nadie puede dar desde fuera un significado a tu existir: a tus elecciones cotidianas, a tus hazañas particulares y a tus rutinas diarias. Para decidir cómo quieres vivir requieres saber a dónde quieres ir. El descubrimiento de tu misión, el diseño de tu proyecto de vida genera la motivación que ordena todo tu quehacer cotidiano; el proyecto de vida se define mediante la reflexión consciente; el significado y la validez del mismo se corrobora a lo largo del trayecto, se replantea, se vuelve a elegir…

Pareciera que asumir la propia misión es opcional, y en un sentido lo es. Pero no sobra precisar que el hombre se caracteriza por la búsqueda de significados más que por la búsqueda de sí mismo. Cuanto más se olvida de sí mismo, entregándose a una causa o a otra persona, más humano se hace. Para llegar a esta experiencia de sentido de vida primero necesitas encontrarte a ti; de ahí la importancia de primero conocerte. Pero hay un segundo paso, que consiste en salir de ti: mientras más te involucres o te dejes influir por alguien diferente a ti, en el mejor sentido de la palabra, más te vuelves tú. El hombre ha sido creado para trascender, para salir de sí mismo y regresar a sí mismo. Para conectarse con el otro y volver a sí. La esencia de la persona se liga con el servicio: nos reconocemos en la mirada del otro, de los otros. Nos construimos y reconstruimos en el encuentro con otros seres humanos.

El deseo de servir de algo a los demás facilita continuar la vida y darle sentido, al tiempo que favorece una profunda satisfacción personal. Hay estudios que muestran que quienes actúan a favor de los otros, además de cuidarse a sí mismos, se deprimen menos y disfrutan más. Al morir no nos llevamos nada de lo que recibimos a lo largo de la vida, pero sí dejamos lo que hicimos, lo que construimos: nuestras buenas acciones, nuestros logros, nuestra influencia… todo deja huella sobre los demás y persiste más allá de nosotros mismos.

Los verdaderos encuentros amorosos abren puertas, no cierran opciones. Nos mueven a crecer y a ser mejores personas, a aprender más, a disfrutar la vida, a desafiarnos a nosotros mismos. ¿El encuentro profundo con alguien te estimula a incursionar en nuevas maneras de vivir? ¿El choque vital con otra persona ilumina tu vida? Estas preguntas son esenciales para elegir pareja e implican un grado de madurez previo a la elección. Sin duda crecemos en el encuentro con el otro y la vida de pareja es un territorio privilegiado para el crecimiento pero, antes de embarcarte en un romance, ¿tienes claro qué da valor a tu vida más allá de la relación amorosa? ¿Quieres vivir acompañado de alguien pero puedes vivir sin esa persona? Ese alguien que deseas para compartir, ¿se suma a tu proyecto de vida? ¿Lo complementa y lo enriquece? O, por el contrario, ¿lo acota, lo impide, lo obstaculiza?

Es importante que consideres qué tan lleno o vacío te sientes en esta etapa de tu vida y qué te ayudaría a darle significado a tu existir para no liarte con alguien desde la "carencia", sino desde la abundancia y la motivación. Existen tres caminos que te pueden ayudar a dar sentido a tu existencia. Cada uno de ellos puede ser independiente, pero sin duda los tres se enriquecen si están interconectados:

- El primer camino consiste en el cumplimiento de un deber o en la creación de un proyecto laboral: construir un área concreta de aporte social, de contribución comunitaria y, al mismo tiempo, de autosustento y desarrollo profesional, genera la experiencia de colaboración social, al tiempo que aporta autonomía personal.

- Un segundo camino se refiere a la experiencia o al encuentro: experimentar algo a nivel sensorial y emocional, artístico y cultural, o bien en el encuentro con otra persona. Además del trabajo —mencionado en el punto anterior—, el arte y el amor son vías para encontrar un sentido de vida.
- Y un tercer camino, quizás el más difícil de conquistar y que mayor madurez aporta, es el que transitamos cuando nos enfrentamos a un destino que no podemos cambiar: aun ahí estamos comprometidos a dar lo mejor, elevándonos por encima de nosotros y creciendo más allá de nuestra frustración y dolor. ¿Cómo? Por medio de la transformación de nosotros mismos. Hay cambios que devienen de decisiones propias, que sin dejar de ser un desafío parten de nuestro deseo y nuestra convicción. Pero hay eventos que nos acontecen —una enfermedad, un rompimiento amoroso, un despido laboral, una muerte cercana— ante los cuales hemos de tomar una actitud de crecimiento desde la conciencia y la aceptación.

A estas alturas del recorrido habrás entendido que elegir pareja integra un sinfín de consideraciones. De seguro algunas te han parecido más significativas que otras. Sin embargo, pensamos que llegados a este punto del proyecto personal estamos tocando fibras profundas que definen en buena parte el éxito de tu futura relación. Cuando piensas en tu enamorado o enamorada, ¿encuentras indicadores sobre la posibilidad de acometer tu proyecto personal en su compañía? ¿Su presencia suma, aporta, acompaña o, por el contrario, obstaculiza, desprecia y amenaza tu caminar?

Es muy probable que si estás leyendo este libro ya no tengas quince años… Aun si eres un adulto joven experimentarás que tu edad avanza y que posiblemente no estás tomando las elecciones que permitan que tus sueños se realicen, tus intereses se cultiven y tus valores se respeten. Esto puede resultar frustrante. Tu desasosiego de seguro se incrementa si piensas que no estás haciendo nada por concretarlos o que sigues perdiendo el tiempo en banalidades. ¿Qué anhelas incluso en los momentos difíciles? ¿Qué esperanza conservas para ti y reflejas en los demás? ¿Qué visiones del futuro tienes? ¿Cómo manejas tu vulnerabilidad y la de los otros? Si logras alinear tus sueños con tus posibilidades reales y con tus valores, encontrarás el significado de tu existencia; si luchas por plasmar tu sello personal a la vida, experimentarás infinita satisfacción; si construyes una relación amorosa que acompañe tu camino y lo enriquezca, al tiempo que sirves de compañía y contención para tu pareja, estarás en el territorio del amor comprometido y maduro.

La paciencia y la confianza, así como la tolerancia a la frustración, son tus mejores aliados para iniciar tu propio camino y abrirte, en ese caminar, al encuentro amoroso. No se trata de buscar en forma frenética; se trata de confiar en que alguien más habrá transitado el sendero en la misma dirección, en que tu propio camino se cruce con el de un compañero que, sin ser igual a ti, comparta lo que valoras, sueñas y ambicionas, y que en ese compartir se dé el encuentro. ¿Ahora lo comprendes? No se trata de buscar con frenesí: la apuesta es el encuentro… encontrar… encontrarse…

PregúntaTE	**PregúntaLE**
¿Considero que me conozco y que me gusta quién soy?	¿Piensas que eres libre?
¿Sé a dónde quiero encaminar mi vida?	¿Cómo te visualizas dentro de cinco años?
Cuando muera, ¿cómo quiero ser recordado?	¿Cómo quieres ser recordado?

El camino es sólo tuyo

Estamos en permanente transformación, lo queramos o no. Cuestiónate:

- ¿Qué *quieres*?
- ¿Qué *puedes*?
- ¿Qué *debes*?

Estas tres preguntas consideran tus *sueños*, tus *posibilidades* y tus *valores*.

- También, ante los obstáculos externos eres libre de elegir la actitud a adoptar para hacerles frente.
- Una pareja puede acompañarte en el recorrido de la vida, pero nunca podrás depositar en ella la responsabilidad de tus venturas y desgracias.
- Nada ni nadie puede dar, desde fuera, significado a tu existencia.

Clave 29

De tiempo y madurez

El tiempo todo lo cura, si la persona madura

> Comienza a manifestarse la madurez cuando sentimos que nuestra preocupación es mayor por los demás que por nosotros mismos.
>
> ALBERT EINSTEIN

> En realidad, las personas autorrealizadas, las que han llegado a un alto nivel de madurez, salud y autosatisfacción, tienen tanto que enseñarnos que, a veces, casi parecen pertenecer a una especie diferente de seres humanos.
>
> ABRAHAM MASLOW

- La inmadurez no es lo opuesto a la madurez, sino su estado previo: una conduce a la otra si se trabaja en forma personal.
- Elegir aprender nuevas conductas, aceptar la influencia de los otros y acometer acciones concretas que te saquen de tu zona de confort es la vía para crecer.
- Querer correr y conquistar todo "de un jalón" es muestra de impaciencia, desconocimiento y, precisamente, de inmadurez.
- El sufrimiento procesado es un gran aliado del crecimiento personal.
- Descubrir que puedes tener las riendas de tu vida en vez de que ésta te controle es uno de los gozos silenciosos más disfrutables.

Muchas mujeres se quejan de que los hombres no maduran. Ya un viejo chiste pregunta de manera más que burlona y despectiva: "¿En qué se parecen los varones a los aguacates? En que pasan de verdes a podridos". Quizás afirmar que nunca maduran sea una exageración, pero decir que no maduran con rapidez es algo más preciso. En cambio, a los varones parece molestarles que las mujeres maduren en menor tiempo y de manera integral: lo nieguen o lo reconozcan, ésta es una tendencia general. ¿Cómo explicar este desfase?

Es común encontrar mujeres mayores de cuarenta años que han madurado, algunas debido a la experiencia inherente de la vida, otras gracias al trabajo personal que han realizado por años. Las mujeres de este tipo no se impresionan con facilidad con varones que aún no alcanzan una madurez elemental. En términos generales, pareciera que la maternidad hace que muchas mujeres asuman una responsabilidad particular en la crianza de los hijos: encargadas de ellos, al menos en los primeros meses de su vida, aprenden a tolerar la frustración y posponer la gratificación en aras del cuidado de sus pequeños. Por otro lado, años de sumisión y sometimiento femenino en una sociedad patriarcal han adiestrado a las mujeres, desde el sufrimiento y la capitalización del mismo, en la necesidad de reflexionar, crear, observar, consultar y resistirse para salir airosas de una posición subordinada.

Por su parte los hombres, por lo general los de mediana edad, buscan de manera consciente o inconsciente a mujeres más jóvenes que ellos, las cuales aún no han madurado lo suficiente y siguen en el esquema "admirativo" para enamorarse. Estas mujeres priorizan la elección de un hombre mayor, con un rango "jerárquico" que las supere: que sepa más que ellas, sea su "maestro" y protector. De esta manera los varones son vividos como "dioses", manteniéndose dentro de su poco desafiante zona de confort y con el control de la relación. La postura de privilegio que otorga una sociedad patriarcal permite a los hombres sostenerse en un espacio de poder que invita poco al cuestionamiento y al crecimiento personal. Con este planteamiento no queremos decir que las mujeres sean mejores que los hombres y con ello simplemente invertir el esquema competitivo y desigual de las sociedades machistas: lo que intentamos es señalar que el modelo social en que hemos vivido, con sus consecuentes roles de género, ha tenido efectos que se dejan ver en la madurez tanto de hombres como de mujeres en general, así como en la relación que entablan en su vida amorosa en particular.

¿Para qué madurar? ¿Qué ventajas se adquiere con ello? ¿De qué se trata la madurez? Éstos y otros cuestionamientos te ayudarán a descubrir, sobre todo en asuntos de amores, si es verdad que "el tiempo todo lo cura si la persona madura".

Hablar de "ser o no maduro" puede quedarse en una bonita teoría si no nos enfocamos en los efectos observables de la madurez en la conducta de las personas. ¿Cómo reconocerte a ti mismo con un grado suficiente de madurez? ¿Cómo valorar si aquel que te gusta es un sujeto maduro? ¿De qué manera reconocer conductas que denoten madurez? La madurez se manifiesta en formas concretas y visibles a la hora de afrontar y acometer la vida. Algunas de estas manifestaciones se dejan ver:

- Al mostrarte *reflexivo* en tus decisiones, *actuar con detenimiento* e inteligencia en vez de reaccionar con arrebato e impulsividad. Sin duda el uso de la inteligencia y la toma de conciencia son una muestra de madurez.
- Cuando tienes la capacidad de ser *autocrítico*, reconociendo tanto las propias fortalezas como las limitaciones personales, sumado al *autoconocimiento* adquirido, asumes una justa valoración de ti.
- Si generas *relaciones constructivas* con quienes te rodean. Esto no significa que nunca tengas diferencias con los demás y que todo marche perfecto en tus intercambios sociales, pero sí implica la capacidad de escuchar, respetar y negociar con los demás, así como de sostener en el tiempo relaciones amistosas, familiares, incluso amorosas, con un grado suficiente de acuerdos, encuentros y por tanto de satisfacción.

- Al aprender a *tolerar la frustración y posponer el placer y la gratificación*, pues esto es una clara manifestación de madurez. ¡Cuántos adultos inmaduros se emberrinchan por no tener lo que quieren cuando quieren! Como si el mundo debiera girar en torno a sus deseos y a sus necesidades.
- Finalmente, al caminar hacia la madurez y con ello adquirir la fortaleza para *aceptar el sufrimiento* inevitable de la vida, al afrontarlo con dignidad y aplomo, así como *al aprender de él*.

Tras leer estos cinco puntos notarás que no se puede madurar sin activar la conciencia, y para que esto suceda primero se necesita querer echarla a andar: querer ver, querer entender, querer cuestionar, y después de haber decidido hacerlo, ejercitarse en el crecimiento de la conciencia, ya que el conocimiento y el autodescubrimiento no surgen de manera automática. Si deseas crecer y madurar requieres voluntad y determinación: elegir aprender nuevas conductas, aceptar la influencia de los otros y acometer acciones concretas que te saquen de tu zona de confort.

¿Eres de los que piensan que la madurez es una utopía? ¿Crees que el amor ya no resulta factible porque la gente es inmadura, ególatra y poco comprometida? En un mundo tan disparatado como el nuestro es fácil claudicar a la idea de que se puede crecer. La tentación de pensar que una sociedad pueril nos arrolla nos impide mirar a un colectivo de personas que avalan con su vida la factibilidad del desarrollo humano. No es fácil crecer, pero sí factible. Y no sólo eso: la auténtica madurez conlleva experimentar una de las mayores y silenciosas satisfacciones personales.

El diálogo interno es un requisito indispensable para la activación de la conciencia y por tanto constituye el recurso privilegiado para transitar hacia la madurez. El diálogo interno es una capacidad exclusivamente humana: sólo los seres humanos tenemos la facultad de conversar y relacionarnos con nosotros mismos. A través del diálogo interno puedes descubrir tanto tus fortalezas como tus debilidades y colocar en una balanza lo que emprenderás. Preguntarte, responderte, rebotar con alguien, leer y volver a cuestionarte… escudriñar en tu interior, hacerte caso… experimentar la paz o la incongruencia de lo que dices y haces, escuchar, sentir, sentirte… Todo esto es parte de un rico diálogo interior.

Te podrías preguntar cómo se relaciona esto con tu deseo de tener pareja: ¡sin duda uno se relaciona con personas que poseen el mismo nivel de madurez! Cuando estés con alguien que hable de lo mal que le ha ido en una relación amorosa, observa si se queja de conductas que de alguna manera corresponden a su nivel de desarrollo. Recuerda que, contrario a lo que se afirma, los opuestos no se atraen, sino los iguales.

Otro indicador de madurez, del cual hemos hablado en una clave anterior, es contar con un oportuno sentido de dirección para reconocer el camino a seguir. Si las metas que eliges para tu vida están fuera de tu realidad —en un marco que no tomó en cuenta tus características, atributos, debilidades y la etapa de vida por la que atraviesas—, los intentos por lograr objetivos, incluyendo la elección de pareja, pueden convertirse en un fracaso rotundo y una confirmación de que no vale la pena luchar y cambiar.

Si sabes con mayor claridad de qué recursos dispones y a dónde te diriges, activarás la fuerza y la voluntad que la tarea a emprender te requiere y despertarás la motivación necesaria para asumir los costos que implicarán el logro del objetivo que pretendes alcanzar. Así se conquista la madurez: viviendo y atravesando los obstáculos que la vida te presenta y visualizando los beneficios que piensas conquistar. Querer correr y conquistar todo "de un jalón" es muestra de impaciencia, desconocimiento y, precisamente, de inmadurez.

Pero ¿en qué consiste vivir de manera inmadura? La inmadurez se refleja en una manera de actuar impulsiva e irreflexiva: los tiros de suerte de pronto dan en el blanco, pero en general implican un ir y venir de bandazos y cambios permanentes de enfoque; la inconstancia y la inconsistencia son efectos de tal inmadurez. Junto con esto, el inmaduro por lo general culpa a los demás de los fracasos propios; ¡cuidado si tu vida se cruza con alguien que responsabiliza a los demás de sus penas y sinsabores!; la inmadurez no implica asumir la responsabilidad de las decisiones y acciones propias ni buscar la comprensión de los otros para que avalen los errores realizados sin asumirlos como propios y sin pensar. Quien es inmaduro difícilmente autoevaluará sus propias acciones.

La inmadurez también se deja ver en quien atraviesa las experiencias frustrantes y los eventos dolorosos inevitables de la vida como tragedias únicas que le acontecen, de las cuales no puede aprender y, por tanto, desea evitar a toda costa. La vida no es rígidamente justa, pero todos debemos, antes que después, sortear el sufrimiento y salir airosos del dolor y la desesperación. La vida es gozo y también sufrimiento.

¿Por qué algunas personas avanzan con mayor facilidad hacia la madurez mientras que otras se pierden en el camino? Investigaciones recientes nos muestran que la respuesta más frecuente es que existe una correlación con una educación permisiva llena de confort y poca exigencia. Esta permisividad dificulta el arrojo que se requiere para emprender los desafíos básicos de la vida: vivir con demasiada laxitud incrementa el temor o la pereza por correr riesgos y cometer errores, e impide reconocer y asumir las consecuencias de las propias acciones.

El lado opuesto a una crianza permisiva es una educación en extremo autoritaria. El autoritarismo exhorta a quienes lo reciben a obedecer a "rajatabla" las órdenes dadas; impide reflexionar y cuestionar, dificulta contactar la brújula interna y limita la posibilidad de elección. Sin duda ninguno de los dos extremos favorece la entrada a la madurez, pero pareciera que aquel que desde el autoritarismo ha desarrollado una voluntad férrea, si desafía prejuicios y creencias erróneas y cuestiona sus actos tendrá más herramientas de disciplina y voluntad para cambiar.

La inmadurez no es lo opuesto a la madurez, sino su estado previo: una conduce a la otra si se trabaja en forma personal. Todos iniciamos inmaduros: la vida es un tránsito de la inmadurez a la madurez. Sólo se aprende a madurar viviendo: la vida siempre abre oportunidades de aprendizaje, pero se deben considerar como tales las posibilidades de aprender. Por ejemplo, si sufriste la experiencia de una separación y la atravesaste airosamente, sabrás que dicha vivencia fue una puerta de entrada para emprender el camino hacia la madurez. ¡Qué importante es observar, en el momento de elegir pareja, si tu futuro candidato está abierto al cuestionamiento, al desafío y a la asimilación del malestar y el dolor!

Sin duda existe una correlación entre la magnitud y frecuencia de los problemas y duelos afrontados de manera oportuna y el grado de madurez alcanzado: el número de situaciones críticas atravesadas a lo largo de la vida y la posibilidad de resolverlas en forma constructiva son el más preciado camino de crecimiento. Paradójicamente, el sufrimiento bien asumido es un atajo hacia la madurez. Mientras más trascendentes sean las situaciones vividas y más responsables las decisiones tomadas, mayor será el aprendizaje y el desarrollo obtenidos.

La madurez a la que aspiramos todos, la cual facilita una vida equilibrada, incluye los siguientes aspectos:

- Te proporciona la habilidad para conocerte y desarrollar la capacidad de estar consciente.
- Te da la capacidad de ser tú mismo y de "ser original": de relacionarte afectivamente sin perder la individualidad. De encontrar el equilibrio entre autonomía y pertenencia.
- Manejar en forma adecuada los afectos, es decir, aprender el lenguaje de los sentimientos y las emociones.
- Reflexionar y ser autocrítico.
- Facilita la tolerancia a la frustración y la capacidad de posponer la gratificación.
- Te exhorta a responsabilizarte de tus actos.
- Da un sentido y propósito a tu vida con base en tu escala de valores.

La madurez se conquista a pasitos: cada día tomamos decisiones, desde muy simples, cotidianas e intrascendentes hasta aquellas que marcan de manera crucial y determinante el futuro de nuestra vida. A veces minimizamos los pequeños actos cotidianos pensando que sólo "las grandes decisiones" modifican la ruta de nuestro destino. Sorprende descubrir que los cambios sostenidos a lo largo del tiempo nos llevan a lugares inesperados. El cambio es un proceso, no un evento; aun las experiencias cruciales de la vida se asumen poco a poco: el dolor ante una pérdida de un ser querido, una enfermedad que ponga en peligro la vida, una bancarrota o la propia jubilación.

Como verás, el dolor es una experiencia que te hace despertar, que sirve para darte cuenta y tomar conciencia de tu propio ser. Además de ser facilitada por el propio diálogo interno, la conciencia de "despertar" se puede alcanzar mediante el acompañamiento de otro ser humano: un amigo, algún familiar, un consejero religioso o un terapeuta que te acompañen en tu camino personal.

Las experiencias cruciales te hacen examinar tu vida: tanto las dolorosas que te acontecen como las gozosas que eliges. Podríamos incluir también elecciones como tener o no hijos, casarse o no, divorciarse, cambiar de dirección profesional o de trabajo. La búsqueda de pareja es una decisión crucial en la vida: por eso te sugerimos que repases una y otra vez la elección que hagas antes de iniciar una nueva relación.

¿Desde qué lugar afrontas la elección de pareja? Cualquiera que sea tu situación actual, la actitud que asumas en este proceso de tu vida puede ser un detonador hacia la madurez. Si eliges de manera oportuna, te convertirás en quien quieres ser. Nos atrevemos a afirmar que las decisiones trascendentes se dan de manera particular en el mundo de los afectos y en las relaciones amorosas. También sabemos que un compañero amoroso abre las puertas para el conocimiento personal y el logro de un proyecto de vida estimulante.

En claves anteriores hemos dicho que la autoestima facilita el camino de la adultez, pero más allá de cuánto hayas sido amado a lo largo de tu vida, hoy eres responsable de desarrollar tus atributos personales, de sentirte competente y valioso. De ti depende lograr la estabilidad interna que te permita gestionar tus deseos y tus sueños con base en tus posibilidades reales y en lo que sea oportuno y constructivo para ti.

El autoconcepto realista, optimista y sano que tengas de ti mismo te permitirá tomar elecciones adecuadas y, por tanto, madurar; del mismo modo, el trayecto hacia la madurez alimenta un sano autoconcepto, con lo que se genera un círculo virtuoso de crecimiento y satisfacción personal.

La vida no es fácil: hay tropiezos, pero pocas cosas resultan tan estimulantes e inagotables como el sabor interno que produce el crecimiento personal. Descubrir que puedes tener las riendas de tu vida en vez de que ésta te controle a ti es uno de los gozos silenciosos más disfrutables. Sólo la superación personal hace posible la felicidad general y, como ves, ésta siempre es resultado de tus decisiones y de tu manera de actuar en la vida.

Resulta inevitablemente humano asumir en cierto grado la ansiedad ante la finitud de la vida; sin embargo, la vida se hace insoportable y el temor a la muerte incontrolable cuando se apodera de nosotros la decepción de no haber realizado nuestro potencial. Como dijo Nietzsche: "Conviértete en quien eres". Y agregamos a esta afirmación: "Conviértete en quien eres, y encontrarás a alguien de tu talla..."

PregúntaTE	**Pregúnta**LE
¿Soy impulsivo?	¿Cómo te manejas ante los imprevistos y las frustraciones?
¿Me cuesta trabajo terminar las cosas y busco que otros me resuelvan la vida?	¿La educación que te dieron fue permisiva o rígida?
¿Me cuestiono internamente y aprendo de mis errores?	¿Para ti qué es madurar?

Busca a alguien que haya madurado

¿Crees que el amor ya no es factible porque la gente es inmadura, ególatra y poco comprometida? No es fácil crecer, pero sí factible. Y no sólo eso: la auténtica madurez permite experimentar una de las mayores y silenciosas satisfacciones personales.

- La madurez tiene todo que ver con tu deseo de encontrar pareja, pues uno se relaciona con personas con el mismo nivel de crecimiento personal.
- El inmaduro por lo general culpa a los demás de los fracasos propios. ¡Cuidado si tu vida se cruza con alguien que responsabiliza a los demás de todas sus penas y sinsabores!

Para terminar…

Atando y desatando cabos

> Nada estimula más el desarrollo personal que una relación amorosa constructiva. Nada limita más el desarrollo personal ni nada provoca más inseguridad que una relación amorosa destructiva. Para desarrollar su potencial personal, el ser humano necesita a otros seres humanos, en particular a su pareja.
>
> JÜRG WILLI

Te acercas al final de este recorrido. Si estás llegando a buen puerto, tu mente habrá ido y venido entre lo que quieres para una nueva relación y lo que ya no quieres en un próximo encuentro. De seguro la lectura de las claves anteriores te ha hecho revisar tus relaciones pasadas y detectar puntos importantes que dejaste de ver, o bien aspectos que por no considerarlos a tiempo te metieron en aprietos y sufrimientos. Probablemente también encontraste creencias que considerabas en su momento necesarias y oportunas para construir una pareja y que resultaron poco útiles en el transcurso del camino.

Confiamos en que el recorrido de esta lectura te haya facilitado cerrar asuntos pendientes en cuanto a amores pasados, al detectar algunos cabos sueltos y manejarte mejor respecto a ellos. A veces repensar por segunda o tercera vez una experiencia vivida permite tomar acciones que facilitan sentirte más en paz contigo y con lo acontecido, al tiempo que da las pautas para realizar los ajustes requeridos por tu corazón.

Al pasar el tiempo es posible que notes que en tus experiencias amorosas anteriores hiciste elecciones que difícilmente te llevarían a establecer relaciones satisfactorias, o bien que las parejas elegidas te dieron justo lo que buscabas o necesitabas en esa etapa de vida particular. Como hemos dicho, uno decide en cada momento con las herramientas y la perspectiva de que dispone: hoy puedes asumir que era difícil, por diversas razones y circunstancias, haber elegido diferente desde el lugar en que te encontrabas, pero que con el correr del tiempo reconoces que sostener relaciones inoperantes era imposible. Cada amor transitado cumplió su cometido: tomaste de ellos lo mejor, y toca soltarlos, dejarlos ir...

Uno juega en la vida con las "cartas" que nos son dadas por "la baraja de la vida"; el crecimiento implica desechar las "cartas" que no te sirven más y darte a la tarea de conseguir otras nuevas y jugarlas mejor. La edad y la experiencia aportan esta sabiduría en cierta medida, siempre y cuando hayas aprendido algo de los errores y los aprecies como necesarios para que hoy estés donde estás. No eres víctima de tu destino, pero sin duda tu historia, tus circunstancias, incluso tu propia genética han condicionado en una medida importante tus elecciones. Nota que en este momento has descubierto cosas nuevas de ti y de la vida amorosa, y que ya estás listo para una "apuesta" mayor...

La información que has recibido con la lectura de *29 claves para encontrar pareja* te debe haber llenado de preguntas; de seguro también te enfocó en asuntos que considerabas insignificantes, y probablemente te aclaró dudas que no encontrabas la manera de descifrar. Este libro te ha llevado a retransitar por tus pasadas relaciones y al mismo tiempo te invita a planear y construir de manera más acertada tus encuentros futuros.

Iniciamos esta travesía con la explicación de las razones por las cuales la vida de pareja se encuentra en crisis y por qué el malestar amoroso es una constante en la sociedad actual. Nos gustaría que el final de esta lectura te lleve a pensar de manera optimista en las posibilidades que te brinda en el futuro el territorio del amor: ¿Qué puertas se abren ante ti por el hecho de que la vida de pareja esté en transformación? ¿Qué acuerdos de pareja y cuáles mapas amorosos responden a la persona que eres hoy? ¿Qué escenarios y personas no necesitas más?

Hemos dicho que la debilitación de roles rígidos entre hombres y mujeres favorece nuevas y mejores posibilidades de vida compartida, pero para construir espacios amorosos ricos y valiosos has de tener presentes los siguientes aspectos:

- El contexto social en que vivimos plantea nuevos retos, posibilidades y limitaciones: observa lo que ocurre, reconoce el territorio que transitarás. No intentes reproducir convencionalismos que la sociedad promueve ni repetir historias que otros planearon para ti. Cuida tu entorno, considera a tu gente querida, reconoce los círculos a los que perteneces, pero sé autónomo en el momento de elegir.
- El objetivo de la vida de pareja no es durar "eternamente", sino acompañarte y crecer durante el transcurso de la relación. Es importante estar preparado para comenzar, pero también para terminar: aprende a iniciar una relación amorosa y a cerrarla de manera oportuna y constructiva si la situación así lo requiere. Difícilmente las nuevas generaciones vivirán un único y eterno amor. Hay que saber abandonar las relaciones violentas y las que empobrecen; también las que se agotaron por cualquier razón e impiden a las personas convertirse en quienes quieren ser. No se trata de claudicar al primer obstáculo ni de trivializar los compromisos, pero tampoco de hipotecar el futuro en algo que no tenga manera de subsistir. Las buenas relaciones son para aprovecharlas y disfrutarlas; las malas, para ponerles fin.
- Para crear una nueva pareja hay que asimilar los rompimientos amorosos anteriores. Al concluir una relación hay que aprender de los errores cometidos: el sufrimiento de la ruptura se

puede capitalizar a nuestro favor. Esta faena no sólo nos hace más fuertes y sabios en lo afectivo, sino que nos habilita para afrontar con mayor éxito una nueva relación. De la integración adecuada de las experiencias pasadas dependerá que mejoren los encuentros del futuro. Sería una pena, además de fracasar, que no se aprenda del quiebre vivido; el fracaso deteriora la sensación de seguridad personal, mientras que el aprendizaje enriquece tu personalidad y facilita tu éxito afectivo.

- Si te sientes atorado en alguna culpa, date a la tarea de descubrir si eres responsable de la misma o si bien debes trabajar creencias y patrones erróneos que te paralizan. Si aún puedes reparar algo para sanar los errores cometidos, asume la responsabilidad y demuestra el deseo e interés en restaurar el daño cometido. Si no eres responsable, ¡suelta!
- Que el duelo de un pasado amor no te lleve al extremo contrario de un miedo y un cuidado exagerado a no volverte a equivocar, o peor aún, a bloquear tus emociones para no volverte a enamorar. ¿Eres de los que por no volverte a equivocar y sufrir ya no quiere arriesgar? Es mejor actuar a sabiendas de que puedes equivocarte y de ese modo generar alguna experiencia que te facilite el aprendizaje, que paralizarte o claudicar. Las aparentes "batallas perdidas" te permiten encontrar las claves que lo explican y, al aprender de ellas, prepararte para un nuevo intento, más productivo. De cualquier modo hay que racionar los "tropiezos". No se trata de ir de error en error. Por eso es indispensable aprender a elegir el nuevo amor.
- Además de capitalizar los errores, requieres conocerte y aceptarte: alinear tus aspiraciones con tus posibilidades reales y, dentro de ese rango de lo probable y factible, realizar la nueva elección. Para tener éxito en esta faena de gustar, debes mejorarte. Para que esta tarea sólo conlleve el costo de frustración necesario para motivarte a seguir y no para impulsarte a claudicar, insistimos en que es importante que exista una

concordancia entre lo que aspiras y lo que en términos realistas puedes conseguir. Las aspiraciones te permitirán delimitar lo que deseas y sentirte merecedor del amor de determinadas personas; por su parte, las posibilidades precisan el ámbito donde tus aspiraciones pueden ser correspondidas. Si lo que aspiras y lo que puedes son disonantes, tus elecciones resultarán inadecuadas y la frustración y el desengaño vendrán por añadidura. No todas las personas que te gustan aceptarán tu requerimiento: debes estar consciente de tus posibilidades y limitantes para poner tu atención en los candidatos adecuados. No se trata de aspirar a "poco"; tampoco se trata de ser "el estereotipo del triunfador". Recuerda que existe un amplio rango de mejora que te permitirá desarrollar recursos impensables que amplían tu campo de elección, de atracción y de acción.

- Lo expresado en el párrafo anterior nos lleva a la necesidad de reconocer que la vida es un cambio constante, por lo que implica asumir un camino de permanente actualización, construcción y reconstrucción. ¡Reinvéntate! Abre tus posibilidades como individuo y como pareja. Los avances científicos te permitirán vivir el doble de tiempo que tus antepasados cercanos y probablemente tendrás la mitad de hijos que ellos —quizá ni hijos tengas—. Hay, por tanto, más tiempo, más recursos, más opciones, los cuales sólo se abrirán ante ti si desarrollas tu flexibilidad y tu creatividad, y utilizas tu inteligencia. Para elegir necesitas posibilidades y oportunidades. Las primeras te las dará el desarrollo de tus atributos personales, y las segundas dependerán de tu capacidad de utilizarlas de manera oportuna y en el contexto adecuado. Si no te conformas con las personas a quienes les gustas y te superas para ser deseado por las que te gustan ampliarás el abanico de posibilidades de elección de tu futura pareja. Quizás un cúmulo de prejuicios, creencias, mitos y estereotipos te impidan incluir entre tus candidatos a personas que sin duda harían contigo una buena pareja.

- Algo muy importante: ¡deberás convertirte en una persona seductora! ¿En qué consiste la auténtica seducción? Seducir no ha de entenderse como el simple hecho de llevarte a alguien a la cama, sino como el arte de resultar atractivo para el otro en todos sentidos. El que sabe seducir logra ser visto, sabe cómo formar parte de la vida del otro a través del intercambio de deseos, intereses y valores, y de esa manera no sólo resulta interesante, sino que se asegura de que lo sigan eligiendo una vez que ha sido visto y elegido. La seducción es un intercambio entre sujetos: para seducir hay que considerarse a uno mismo como sujeto y no sólo como objeto del deseo del otro, y al mismo tiempo hay que mirar al otro como un ser humano a quien no se pretende manipular ni utilizar, sino persuadir e interesar.

Tras leer estas observaciones importantes para iniciar un nuevo amor, de seguro estarás preparado para agregar a la lista algunas cosas concretas que desde tus circunstancias particulares requieres o consideras importantes. ¡Adelante! Sin embargo, no podemos dejar de insistir en que entre todas ellas la madurez es la clave del éxito amoroso y que los aspectos anteriores sólo se entienden y se aplican si se está en el camino de desarrollar una personalidad madura. Puede ser fácil ligar y enamorarse en un primer momento, pero generar vínculos amorosos estables y satisfactorios requiere capitalizar la experiencia vivida, comprenderse a uno mismo y al otro, ceder, negociar, resolver…

No es sencillo definir la madurez. Quizás ésta sea uno de los conceptos más trillados y una de las palabras más abusadas y mal utilizadas. Sabemos que la madurez se adquiere con la edad, pero el paso de los años no basta para convertirse en un adulto cabal. ¿Cómo distinguiríamos a una persona madura de una inmadura? Parte de la madurez consiste en la capacidad de autocriticarse y corregirse a uno mismo: dejar de lamentarnos por "todo lo que nos hicieron" y asumir responsabilidad. ¿Acaso puede ser mejor lamentarnos que mejorarnos?

El desafío de dirigir la propia vida implica reconocer que algunas circunstancias, tanto del pasado como de la vida presente, o bien no han sido elegidas por nosotros o bien las escogimos desde un estado de poca conciencia. Todo esto va dejando huella en nuestro ser y nos condiciona a actuar de determinada manera, pero eso no significa que nuestro diario vivir esté predestinado: siempre existe un espacio para tomar conciencia y ejercer nuestra libertad. Así, lo determinante en la vida no son las circunstancias que atravesamos, sino la manera de vivirlas y la capacidad de transformarlas.

Una persona madura, además de corregirse a sí misma y de aceptar y manejar su realidad, tolera la frustración y pospone la gratificación. Quizá seamos una sociedad que, saliendo de un puritanismo represivo y un autoritarismo aplastante, anhelamos un extremo de confort y luchamos por una satisfacción y una autoindulgencia compulsiva: creemos que ningún malestar, ninguna renuncia merecen la pena. Los proyectos valiosos, incluso los amorosos, atraviesan periodos de aridez y resistencia; implican gozo, pero también renuncia. Si te sientes demasiado carente y con una necesidad afectiva extrema, ¡cuidado! Si vives con urgencia la necesidad de encontrar pareja, es una clara muestra de que requieres aún más de manejar tu deseo y posponer la satisfacción inmediata: ¡el estado de carencia extrema no es un buen momento para iniciar una relación!

Quien necesita el amor de manera desproporcionada prefiere sufrir la compañía de quien sea que aceptar la soledad; en cambio, quien no necesita el amor con tanta desesperación se encuentra en mejores condiciones de valorar la situación que se le presenta y decidir si es una opción que vale la pena tomar. Transforma primero el deseo desmesurado de gustar al otro a cualquier costo en energía para mejorarte, y después, desde tu plenitud personal y la calidad de tu comportamiento, aventúrate a captar la atención de alguien que valga la pena con la confianza de que éste —u otro, antes o después— inclinará su afecto hacia ti. Recuerda: primero el crecimiento y luego el ofrecimiento.

A llegar al término de la lectura de *29 claves para encontrar pareja* recordarás que el contenido de cada una de las claves que has recorrido explica lo que es necesario observar en otras personas antes de elegirlas como posibles candidatos amorosos; sobra decir que cada uno de los argumentos planteados también aplica para ti: todos son requisitos que debes considerar si quieres ser un candidato apetecible para los demás. Para convertirte en alguien deseado, primero has de construirte en alguien deseable: en un sujeto capaz de despertar el interés de aquellas personas que te interesan. Recorre de nuevo el material en tus manos y evalúa lo que ofreces: no te desprecies, pero tampoco te ensalces; descubrirás que colocarte como opción para otras personas te llevará a trabajar tus puntos ciegos para superarlos, al tiempo que te abrirá puertas para generar una relación con alguien que tenga —al igual que tú— un mayor desarrollo emocional.

No podemos dejar de hacerte notar que de manera simultánea a la decisión consciente de una relación satisfactoria coexiste una inclinación inconsciente que viene de la propia historia y de la propia estructura. Sí: a la hora de elegir pareja también hay una resonancia de inconsciente a inconsciente en tanto que se ve al otro como alguien en quien se pueden depositar las manifestaciones inconscientes; por eso el trabajo personal —de conciencia, de madurez— desafía la tendencia automática a repetir... Recuerda: no son los opuestos los que se atraen, ¡sino los iguales! La propia configuración psíquica hace que nos enganchemos con alguien cuya configuración embona con la nuestra. Los escenarios similares a la historia personal, si bien duelen, requieren ser resueltos. De ahí que la nueva pareja sea una oportunidad de resanar y reparar, pero no de repetir con frustración lo que no ha servido. Una elección adecuada te permitirá enriquecerte en vez de empobrecer tu vida afectiva.

Para el "mal de amores" el mejor remedio es, como afirma Antoni Boliches, un sabio "brebaje" de "vacunación y prevención". El efecto de la vacuna surge con dosis repetidas de fracasos asimilados; la prevención, por su parte, consiste en aprender a elegir mejor para tener menos riesgo de equivocación. Hay que entender que para realizar mejores elecciones se requiere un aprendizaje. Seguramente este libro te ha dado luz para enfocarte en cosas que omitías o minimizabas. Este libro, además de ayudarte a elegir mejor, te permitirá también analizar qué es lo que tienes para ofrecer a tu pareja.

Cada relación es irrepetible y en cada edad la vivencia amorosa es distinta. Lo propio de la juventud es vivir el amor con una intensidad que no tendría sentido en la edad adulta. ¡Cuántos adultos quieren replicar experiencias juveniles en una etapa de vida que implica otros retos, otros escenarios y otras necesidades! Cuestiona el imperativo comercial y trabaja la frustración personal que te impulsa a buscar amores "de película". El amor adulto genera armonía entre las necesidades del corazón y lo que le hace bien desde la razón: la afectividad produce la ilusión, y el deseo y la inteligencia tornan conscientes esas sensaciones al cuidar que el encuentro se realice entre personas con caracteres y proyectos vitales compatibles. El amor siempre es posible, pero amar siempre también es imposible.

Te invitamos a recorrer el camino amoroso con mayor conciencia y optimismo, a abrirte a la posibilidad de un tipo de relación de pareja que, si aún no existe, junto con muchos otros que estamos en la búsqueda, se puede construir. Suelta pues los modelos y convencionalismos estereotipados del pasado que reprimen y limitan tu autonomía. Transforma el descontrol del presente basado en una libertad mal entendida y con poca estabilidad y ábrete a incursionar en la pareja del mañana. Los nuevos amores se orientan hacia la mejora y la madurez personal, al tiempo que integran las contradicciones del momento que nos ha tocado vivir y atraviesan las dificultades que atravesamos.

Hoy tienes una maleta llena de herramientas útiles para emprender el trayecto. Estás listo para elegir con mayor precisión y para amar con mayor conciencia… ¡Buen viaje!

Nota al lector

Si elegiste este libro para leer, de seguro estás interesado en hacer una vida de pareja que no repita los errores vividos en el pasado. Esperamos que el contenido del mismo te haya sido novedoso y, sobre todo, te haya resultado de utilidad.

Nos quedaríamos suficientemente satisfechos si lograste alguno de estos objetivos:

- Comprender que la vida amorosa en la actualidad está en transformación y que tu dificultad para encontrar pareja o elegir bien tiene que ver con temas personales a resolver, pero también con una nueva manera de concebir y vivir el amor en pleno siglo XXI.
- Reconocer tus errores en relaciones anteriores y contar con herramientas para trabajarlos.
- Descubrir creencias, patrones y conceptos rígidos que te impiden cambiar.
- Reconocer las capacidades, destrezas, valores y deseos con que cuentas para entablar una relación de pareja.
- Trabajar en tu autoconocimiento y crecimiento personal para atraer a personas con tu mismo nivel de madurez.
- Dignificar tanto la soltería como la vida de pareja, en tanto que ambas son estilos de vida aceptables y valiosos según la etapa de vida en la que te encuentras.

- Descartar la búsqueda frenética de pareja y prepararte para el encuentro amoroso.
- Reconocer si requieres ayuda de un especialista para continuar.

Si para avanzar en tu proceso requieres más apoyo del que te has dado mediante la lectura de este libro... Si quieres ampliar tus redes y tus conocimientos por medio de actividades socioculturales con otros solteros... ¡Contáctanos en nuestra página de internet!

PSICOTERAPIA SINGULAR LA MONTAÑA:

www.psicoterapialamontana.com

Adhiérete también al CONCEPTO SINGULAR: *Un espacio para los NO casados*, por medio de nuestras revistas, libros, talleres, videos, y encuentros sociales y culturales.

Agradecimientos

Este libro es deudor de infinidad de personas que lo provocaron y acompañaron… desde la teoría, pasando por la ilusión, hasta la vida práctica…

A Orfa Alarcón y Fernanda Álvarez, editoras de Random House Mondadori, sin cuya invitación e intervención este proyecto no se habría hecho realidad.

A José Manuel Valiñas, quien nos apoyó para complementarlo oportunamente.

A tantos amigos con quienes conversamos y nos debatimos en miles de discusiones sobre el territorio del amor.

A maestros y colegas de quienes hemos aprendido tanto y con quienes hemos "ido y venido" construyendo la complejidad y la paradoja de la vida amorosa.

A muchos profesionistas, investigadores, filósofos, terapeutas, sociólogos, educadores, médicos… cuya lectura y estudio nos ha permitido reflexionar sobre el fenómeno amoroso desde perspectivas serias, estimulantes y diversas.

A consultantes, alumnos y participantes de nuestros talleres… que nos han otorgado el privilegio de acompañarlos a atravesar sus propios dilemas de amor.

A nuestros hijos, adultos jóvenes, que en sus pocos años de vida ya han saboreado la delicia y la amargura de estar enamorados, de tener que terminar, discernir, elegir y volver a empezar…

Y a nuestros propios amores, con sus dolores y sus conquistas, que hoy nos hacen ser quienes somos y apreciar el amor desde un lugarcito con mejor vista, que aún no sabemos —a ciencia cierta— a dónde nos llevará.

Bibliografía

Ahrons, Constance. *The Good Divorce*. Quill Ed. United States of America, 1994.

Alberoni, Francesco. *El erotismo*. Editorial Gedisa. España, 2006.

Alberoni, Francesco. *Enamoramiento y amor*. Editorial Gedisa. España, 2008.

Alvarez-Gayou, Juan Luis, y Paulina Millan. *Te celo porque te quiero*. Grijalbo. México, 2010.

Bauman, Zygmunt. *Amor líquido. Acerca de la fragilidad de los vínculos humanos*. Fondo de Cultura Económica. México, 2007.

Boff, Leonardo. *El águila y la gallina. Una metáfora de la condición humana*. Editorial Trotta. España, 2006.

Bolinches, Antoni. *Amor a segundo intento. Aprende a amar mejor*. Editorial Grijalbo. México, 2007.

Bolinches, Antoni. *El arte de enamorar*. Editorial Grijalbo. México, 2010.

Bolinches, Antoni. *Peter Pan puede crecer. El viaje del hombre hacia su madurez*. Editorial Grijalbo. México, 2011.

Bolinches, Antoni. *Sexo sabio. Cómo mantener el interés sexual en la pareja estable*. Editorial DeBolsillo. México, 2010.

Branden, Nathaniel. *Cómo mejorar su autoestima*. Editorial Paidós. España, 2010.

Branden, Nathaniel. *El respeto a uno mismo*. Editorial Paidós. España, 1990.

Castañeda, Marina. *El machismo invisible regresa*. Editorial Taurus. México, 2007.

Chávez, Martha Alicia. *Consejos para padres divorciados*. Editorial Grijalbo. 2009.

Coria, Clara. *El dinero y la pareja*. Editorial Paidós. España,1991.

Coria, Clara. *El sexo oculto del dinero. Formas de la dependencia femenina*. Editorial Paidós. Argentina, 2008.

Díaz, Tere, y Manuel Turrent. *Volver a empezar. Cómo salir bien librado de un rompimiento amoroso*. Grupo Editorial Norma. México, 2011.

Frankl,Viktor E. *El hombre en busca del sentido último*. Editorial Paidós. España, 1999.

Fromm Erich. *El amor a la vida*. Editorial Paidos. México, 2011.

Kelly, Patricia. *Salud sexual para todos*. Editorial Grijalbo. México,1999.

Kipnis, Laura. *Contra el amor*. Tumbona Ediciones. México, 2008.

Krantzler, Mel. *Divorcio creador*. Ed. Extemporáneos. México, 1975.

Levy, Norberto. *La sabiduría de las emociones*. DeBolsillo. México, 2003.

Manrique, Rafael. *Conyugal y extraconyugal. Nuevas geografías amorosas*. Editorial Fundamentos. España, 2001.

Manrique, Rafael. *¿Me amas? Todos los consejos que necesitas sobre el amor*. Editorial Pax. México, 2008.

Manrique, Rafael. *Sexo, erotismo y amor. Complejidad y libertad en la relación amorosa*. Editorial Libertarias. España, 1996.

Pasini, Willy. *Los nuevos comportamientos amorosos. La pareja y las transgresiones sexuales*. Editorial Crítica. España, 2005.

Perel, Esther. *Inteligencia erótica. Claves para mantener la pasión en la pareja*. Editorial Diana. México, 2007.

Riso Walter. *Amar o depender*. Grupo Editorial Norma. México, 2009.

Riso Walter. *Amores altamente peligrosos*. Grupo Editorial Norma. México, 2011.

Riso Walter. *Deshojando margaritas*. Grupo Editorial Norma. México, 2010.

Salinas, Silvia. *Todo (no) terminó. Del dolor al amor*. Editorial Océano. México, 2011.

Sanz, Fina. *Psicoerotismo femenino y masculino. Para unas relaciones placenteras, autónomas y justas*. Editorial Kairós. España, 1991.

Sigala, Maya, y Alberto Romero. *Divorcio sano. Una despedida en paz*. Editorial Urano. España, 2011.

Sinay, Sergio. *Las condiciones del buen amor*. Del Nuevo Extremo Editores. España, 2004.

Sinay, Sergio. *El hombre divorciado*. Del Nuevo Extremo Editores. España, 2009.

Sinay, Sergio. *Esta noche no querida*. Editorial Océano. México, 2003.

Sinay, Sergio. *La masculinidad tóxica*. Ediciones B. Argentina, 2006.

Viscott, David. *El lenguaje de los sentimientos*. Emecé Editores. Argentina, 1978.

Willi, Jürg. *Psicología del amor. El crecimiento personal en la relación de pareja*. Herder. España, 2004.

White Michael. *Maps of Narrative Practice*. Norton. United States of America, 2007.

Yalom, Ivin D. Mirar al sol. La superación del miedo a la muerte. Emecé Editores. México, 2009.

Zumaya, Mario. *La infidelidad. Ese visitante frecuente*. Editorial Libros para Todos. México, 2006.

Esta obra se terminó de imprimir
en el mes de enero de 2025,
en los talleres de Impresora Tauro, S.A. de C.V.
Ciudad de México.